事例で読む建築計画

高柳英明・鈴木雅之・西田司 著

彰国社

デザイン：スタヂオ・ポップ

はじめに

　建築デザインとは、単に建物をつくる行為ではなく、「人間・空間・時間」という、「間（関係）」をもつ対象を自在に紡ぎ、それらに新しい「であい」をしかけ、目に見える造形として世に送り出す素晴らしい職能であると私は考えています。人は、自分と他者がいてはじめて家族や集団といった人間関係をもつことができますが、そうしたかけがえのない関係を守りつつ、もっと豊かで楽しいものにしようとする精神がそこにある限り、建築デザインは未来にわたって求め続けられるでしょう。

　一方、建築計画とは、建築デザインを初歩から学んでいこうとする者に対し、例えば図書館なら、地域人口に対する標準的な書架空間の広さや、必要諸室数といった「一般解」を、ビルディング・タイプ（住宅、集合住宅、商業建築、学校施設、図書館、市庁舎といった建築種別）ごとに示す学問としてありました。しかし、図書館の蔵書をはじめ多くの知的リソースは、今や電子メディア化が進んでおり、ゆくゆくは書架自体姿を消すかも知れません。また、ライフスタイルの多様化やソーシャルメディアの発達などによって、本や知識にふれる人々の行為あるいはシーンも、今よりずっと自由になるかも知れません。こうした時代のうねりの中では、純粋な「図書館」よりも、本や知識から派生した、あるいは触発された、さまざまな知的活動を支える「図書館のようなもの」のほうが似つかわしく、本と人との関係、人と知識との関係に、新たな「間」や「であい」が求められることでしょう。それは単なる機能の複合ではなさそうですし、従来型のビルディング・タイプの枠組みでは捉えきれないものになるでしょう。

　本書は、建築デザインを初歩から学ぶ皆さんが、この茫漠とした「のようなもの」にどう対峙したらよいのかをわかりやすく示した「新しい建築計画」のテキストです。この「新しい建築計画」とは、建築の価値を認め、建築の優れた点を自分の目で読み解ける眼力を養う学問であると、私たちは考えています。その思いをもとに、本書ではさまざまな事例を通して建築への理解を深めていく内容としています。また上記のような時代の要請を考慮し、従来型のビルディング・タイプで分けるのではなく、「住む・働く・まなぶ・いやす・治す・楽しむ・集まる・再生する」といった、人や物、空間や時間を関係づける行為の語句で全6章の構成としてまとめ、さらにそれらの細分化テーマを各節のタイトルとし、1節1事例のスタイルとしてあります。また事例によっては、従前の建築計画の枠組みでは捉えきれない機能や要素を計画の中にどのように組み込んでいるのかを「具体的なかたち」として見えるよう工夫しています。特殊解を多く見せつつも、初学者が学びやすいよう、各ページの本文脇には、基本的な一般解やコラム記事をベースデータとして示してあります。本書を契機に、単なる建築の造形美や種別ごとの一般解への理解に留まらず、「人間・空間・時間」にまつわるさまざまな関係を興味深くみつけ、それを咀嚼しデザインとして発現する力を皆さんが身につけてくださるよう、私たちは願っています。

2015年2月

高柳英明

●本書の活用について ●●

　本書は、すべての建築デザインの初学者(建築学科1年～大学院課程2年生、高等専門学校生)、および建築設計関連業務に従事する初歩実務者を対象に執筆している。従来型のビルディング・タイプ別にまとめられた建築計画学のテキストと違い、建築が内包するさまざまな事象の関係でまとめられている。大学等の教育課程における設計演習課題の教科書や参考書あるいは副読本として本書を活用する場合などは、従来型の建築種別との対応があったほうがわかりやすい場合もある。その際は以下のようなクロスインデックスを用いて、自習あるいは講義実施に臨んでいただきたい。また下記対応表は15項目の区切りになっている。毎週1項目のペースで学習すれば、ちょうど半期ですべてを学ぶことができる。

●本書の活用の目安

学習の単元	章	本書の内容	該当頁	対応ビルディング・タイプ及びキーワード
1	01 住む	自然と住むⅠ…自然の摂理を巧みに取り入れた住宅	8	独立住宅、郊外型住宅
1		自然と住むⅡ…農業緑地と一体になった住宅	10	独立住宅、環境共生住宅
2		都市と住むⅠ…極小空間の集密により空間の拡がりを感じさせる	12	独立住宅、都市型住宅
2		都市と住むⅡ…都市景観を楽しむスパイラル「立体縁側」	14	独立住宅、狭小住宅
3		集まって住むⅠ…集合住宅の共用部を周辺環境と連続させる	16	集合住宅、中規模ボリューム分節型
3		集まって住むⅡ…「中地・長屋・囲み型」で都市的中庭を	20	集合住宅、中規模中庭型
4		集まりのしかけⅠ…寄宿舎リバイバル時代にみる新築シェアハウスの価値	22	集合住宅、寄宿舎、シェアハウス
4		集まりのしかけⅡ…住み手のターゲティングで地域に開いた共用部をつくる	24	集合住宅、間貸し付き住宅
4		コラム01…空き家激増時代の住宅とエリアの魅力	26	
5	02 働く	住みながら働く…セル・グリッドが活きる診療所併用住宅	28	併用住宅、兼用住宅、クリニック
5		集まって働く…多様な活動を誘発する貸しオフィス環境	30	オフィス、テナントビル、集合住宅
5		コラム02…建築的工夫によって進化するビジネスホテル	38	
6		効率よく働く…仕事の進め方・快適さを追求したオフィスビル	32	自社オフィス
6		刺激しながら働く…スキップボイドでアイデアの創発を促すオフィス	36	自社オフィス
7	03 育つ・学ぶ	地域で育つ…異年齢で育つ寒冷地のオープンな保育園	40	保育園、郊外型保育施設
7		まちで育つ…街育とセキュリティに考慮したカフェ併設の保育園	44	保育園、飲食店、地域コミュニティ
8		オープンスクールの先へ…雑木林に教室群がすべり込む小学校	46	小学校、都市空間
8		アクティブラーニング…部屋と動線があみだくじのようにつながる建築	48	大学施設、講義室、学生ホール、食堂
9		学びの図書館…4つの機能が入り交じった市民の交流拠点	50	図書館、公民館、コミュニティセンター、生涯学習センター
9		コラム03…未来の子供たちの環境	54	
10	04 いやす・治す	都市に滞在する…場所性を読み込みゼロからプログラミング	56	ホテル施設
10		自然に滞在する…集落の風景づくりとしてのリゾート計画	58	旅館、ランドスケープ
10		コラム04…おもてなしとホスピタリティの建築	68	
11		地域の医療拠点…クリニックと病院の機能を分けた医療施設	60	病院、クリニック
11		都市の医療拠点…地域になじみ地域社会に浸透する医療建築	64	総合病院、地域参加型デザイン
11		高齢者の居場所…家スケールでつながれた2つのデイ施設	66	高齢者福祉施設、在宅介護サービス拠点、デイサービス拠点
12	05 楽しむ・集まる	都市を集める…等身大の建築スケールの場づくり	70	商業施設、文化施設、都市空間、広場空間
12		人の動きをつくる…客の好奇心を高めて回遊性を生む	72	商業施設、集客拠点、アーバンコンプレックス
12		コラム05…賑わいを生みだす一体空間	78	
13		プログラムを変える…商業施設にコミュニティ活動の場を組み込む	74	テナントビル、コミュニティスペース、市街地再活性化
13		交流を生む…集まりや活動をつなげる空間の連続性	76	公民館、コミュニティセンター、ホール
14	06 再生する	公共施設…新しい用途に生まれ変わる	80	コミュニティセンター、高齢者福祉施設、リノベーション
14		旧駅の遺構…既存の空間ポテンシャルを最大限に活かす	82	商業施設、リノベーション、産業遺構再生
14		コラム06…デザインによるバリューアップ	90	
15		木賃アパート…木造長屋を壊さずに活かした集合住宅	84	集合住宅、リノベーション、ブランド戦略
15		廃校中学校…アートと街をつなげる廃校中学校の再生	86	中学校、コミュニティースペース、ギャラリー、リノベーション

※1単元90分、15回分を目安としています。

CONTENTS

01 住む

❶自然と住むⅠ　ノラ・ハウス／東京工業大学塚本研究室＋アトリエ・ワン
自然の摂理を巧みに取り入れた住宅 008

❷自然と住むⅡ　柿畑のサンクン・ハウス／小嶋一浩＋赤松佳珠子(CAt)
農業緑地と一体になった住宅 010

❸都市と住むⅠ　集密の住居／五十嵐淳建築設計事務所
極小空間の集密により空間の拡がりを感じさせる 012

❹都市と住むⅡ　LIFE IN SPIRAL／高柳英明建築研究所
都市景観を楽しむスパイラル「立体縁側」 014

❺集まって住むⅠ　北浦和VALLEY／川辺直哉建築設計事務所
集合住宅の共用部を周辺環境と連続させる 016

❻集まって住むⅡ　都立大学テラス／室伏次郎(スタジオアルテック)
「中地・長屋・囲み型」で都市的中庭を 020

❼集まりのしかけⅠ　LT城西／成瀬・猪熊建築設計事務所
寄宿舎リバイバル時代にみる新築シェアハウスの価値 022

❽集まりのしかけⅡ　ヨコハマアパートメント／西田司＋中川エリカ(オンデザイン)
住み手のターゲティングで地域に開いた共用部をつくる 024

COLUMN 01　空き家激増時代の住宅とエリアの魅力　026

02 働く

❶住みながら働く　ちよだの森歯科診療所／小川博央建築都市設計事務所
セル・グリッドが活きる診療所併用住宅 028

❷集まって働く　Grotto／芦澤竜一建築設計事務所
多様な活動を誘発する貸しオフィス環境 030

❸効率よく働く　清水建設本社／清水建設
仕事の進め方・快適さを追求したオフィスビル 032

❹刺激しながら働く　乃村工藝社本社ビル／日建設計＋乃村工藝社＋大林組
スキップボイドでアイデアの創発を促すオフィス 036

COLUMN 02　建築的工夫によって進化するビジネスホテル　038

03 育つ・学ぶ

❶地域で育つ　あきたチャイルド園／サムコンセプトデザイン
異年齢で育つ寒冷地のオープンな保育園 040

❷まちで育つ　まちの保育園／宇賀亮介建築設計事務所
街育とセキュリティに配慮したカフェ併設の保育園 044

❸オープンスクールの先へ　宇土小学校／小嶋一浩＋赤松佳珠子(CAt)
雑木林に教室群がすべり込む小学校 046

❹アクティブラーニング　KYOAI COMMONS(共愛学園前橋国際大学4号館)／乾久美子建築設計事務所
隣り合う部屋と動線がつながる学びあいの場 048

❺学びの図書館　武蔵野プレイス／kw+hgアーキテクツ
4つの機能が入り混じった市民の交流拠点 050

COLUMN 03　未来の子どもたちの環境　054

04 いやす・治す

❶都市に滞在する　渋谷グランベルホテル／UDS

場所性を読み込みゼロからプログラミング 056

❷自然に滞在する　星のや 軽井沢／東環境・建築研究所＋オンサイト計画設計事務所

集落の風景づくりとしてのリゾート計画 058

❸地域の医療拠点　西能クリニック＋西能病院／ヘルム＋オンデザイン＋鹿島建設

クリニックと病院の機能を分けた医療施設 060

❹都市の医療拠点　総合病院 南生協病院／日建設計

地域になじみ地域社会に浸透する医療建築 064

❺高齢者の居場所　デイ・ホーム玉川田園調布／世田谷区営繕課・ヘルム建築・都市コンサルタント

家スケールでつながれた2つのデイ施設 066

COLUMN 04　おもてなしとホスピタリティの建築　068

05 楽しむ・集まる

❶都市を集める　代官山 蔦屋書店／クライン ダイサム アーキテクツ＋アール・アイ・エー

等身大の建築スケールの場づくり 070

❷人の動きをつくる　なんばパークス／大林組、日建設計、ジャーディ・パートナーシップ

客の好奇心を高めて回遊性を生む 072

❸プログラムを変える　Maruya gardens／みかんぐみ

商業施設にコミュニティ活動の場を組み込む 074

❹交流を生む　豊田市生涯学習センター逢妻交流館／妹島和世建築設計事務所

集まりや活動をつなげる空間の連続性 076

COLUMN 05　賑わいを生み出す一体空間　078

06 再生する

❶公共施設　八女市多世代交流館「共生の森」／青木茂建築工房

新しい用途に生まれ変わる 080

❷旧駅の遺構　マーチエキュート神田万世橋／みかんぐみ

既存の空間ポテンシャルを最大限に活かす 082

❸木賃アパート　大森ロッヂ／ブルースタジオ＋アトリエイーゼロサン

木造長屋を壊さずに活かした集合住宅 084

❹廃校中学校　3331アーツ千代田／佐藤慎也＋メジロスタジオ

アートと街をつなげる廃校中学校の再生 086

COLUMN 06　デザインによるバリューアップ　090

写真・図面・図表のクレジット　091

索引　092

自然と住む
都市と住む
集まって住む
集まりのしかけ

住む

01

●自然と住むI……ノラ・ハウス／宮城県仙台市／東京工業大学塚本研究室＋アトリエ・ワン

自然の摂理を巧みに取り入れた住宅

「**家**のつくりようは夏を旨とすべし」と徒然草にもあるように、高温多湿な日本の気候のなかで心地よい住宅環境を得るには、夏場の日射遮蔽や通風確保、室内の温湿度を適正に保つ工夫が不可欠である。エアコンや設備機器によって強制的にコントロールする技術もあるが、ここでは光や風などから生じる自然現象をうまく取り込むことで快適な室内環境を得ている住宅事例を取り上げる。

図1　A-A'断面パース　S＝1：120

写真1　西側から見た全景
縁側と家庭菜園が街に対して活発で楽しげな雰囲気を街並みに対して見せている。ソーラーチムニーの役割を果たす2つのピークをもつ大屋根が特徴的である。

写真2　リビングから見る
右に予備室、左にダイニング。

写真3　縁側を見る

◆光、風、街との関係から配置を考える

　現代住宅は、強くて頑丈な構造体の考案や、高効率な断熱技術などにより、全国どこで建てても同等の快適性・安全性が得られるまでになった。だがそれでも、計画する敷地がもつ独特の豊かさを活かしつつ、今を生きる住み手のライフスタイルに合わせてデザインすることは、建築家や設計者にとって極めて興味深く、チャレンジャブルな課題である。ここで示す独立住宅[※1]の事例は、縁側、菜園、軒、ソーラーチムニーといった計画要素によって、自然環境の恵みをどう取り入れるか、現代生活を送るうえで周辺とどのように関係をもったらよいかに、よい答えを示している。

　通常、計画段階の初期では配置検討を行う。玄関・アプローチや駐車スペースは前面道路に近いほうが便利であり、リビング・ダイニングルームはなるべく明るく陽の当たる側にあるほうがよいとされるが、敷地面積や形状、窓前景観によって配置に制約を受けることもある。また周辺の街並みに対してある種のチャームポイントを考慮することも、景観形成のうえでは重要である。この事例では、深軒の縁側を玄関と兼ねシンプルに道路側に配置することで、大まかな住宅の表情を決定づけている。深い軒は直射日射を適度に遮り、前面に菜園を擁したテラス状の縁側は、夏季は打ち水によって涼気を、冬季には躯体蓄熱によって暖気を得る。

　こうした配置検討と空間デザインは同時並行で進めていくのだが、綿密な敷地分析から多くの答えが得られるため、光や風、街との関係など、配置図に書いてまとめるとよい。その際、周辺環境の情報をできるだけ忠実に描く。街路樹の位置や数、土地の起伏や傾斜なども描くとよい。つまり敷地の中の配置に留まらず、計画する住宅が環境の中でどう位置づけされるのかを引いた目で見るわけである。

図2　配置　S＝1：2000
敷地は畑の混在する郊外にあり、西側接道向きに縁側をみせる特徴的な配置計画がされている。敷地北側に玄関と駐車スペースがある。

◆間取り、空間構成、環境性能を同時に計画する

　室内の空間構成を見てみると、主寝室・浴室等はいずれもしっかりと壁で囲われプライバシーが高められている。これに対し、リビングを中心に子ども室・ダイニング・書斎・予備室はレベル差をもった一体空間となり、フリーな動線を伴っている。特徴的な大屋根には2か所のソーラーチムニーがあり、夏季の屋根面への日射による重力換気（温度差を利用した自然換気）を促すため、この一体空間が空気の流れの通り道になっている。またこれらの頭頂部には、直射光を避け設けられた窓から、屋根天井を伝い優しい光が取り込まれる。

　このように、諸室の間取りや配置を考えるうえでは、①動線、②空間構成、③採光・通風等の環境性能について同時に考える必要がある。①に関しては、廊下や階段など、一日に何度も行き来する場所であるため、使い勝手がよく、できるだけ短く単純な動線を考えるとよい。②については、住み手の家族構成や子ども・高齢者・要介護者の有無などをはじめに考慮し、各居室の位置関係や広さ、部屋数を考慮する。また兄弟姉妹の子ども室などは、はじめは1部屋でもよく、将来にわたって区分したり、独り立ちに応じて部屋の用途を変えられるようにしておくのもよい。③に関しては、この事例のように日射方向や重力換気、温熱効果などの自然の摂理にアイデアを求めると面白い。また伝統的な民家様式を詳しく見てみると、現代住宅では忘れかけているような環境共生の知恵がある。そうしたものも参考にするとよい。

※1　独立住宅とは
独立住宅（戸建て住宅）とは、家族やまとまりのある1世帯が独立して住まう形式の住宅をさす。これに対して集合住宅とは、複数の世帯が同じ一つの建物に住まう形式のことをさす。また併用住宅とは、個人商店など店舗や作業場を住宅の一部として併用する形式をさす。また独立住宅は、建築関連条法では「専用住宅」と呼ばれる。

住戸空間						住戸まわり空間		公共生活空間
生理衛生	家事サービス	個人空間	家族空間	接客空間	通路空間	屋外生活空間	近隣生活空間	
便所	台所	寝室・私室	食事室	応接間	玄関	テラス	前庭	道路
浴室	洗濯室	勉強室	ダイニングキッチン	客間	ホール	庭	門口	公園
洗面室	ユーティリティ	書斎	居間		廊下	バルコニー	カーポート	各種施設
脱衣室	家事室	趣味室	娯楽室		階段	サービスヤード	路地	
化粧室	物置				勝手口	小広場	物干場	
	納戸・押入						プレイロット	
	機械室							

表1　独立住宅における生活空間の構成
設計の前段階では、住宅に必要な諸室や空間要素を理解しておくとよい。設計与件や家族構成に合わせ取捨選択し、面積や所数、配置検討へと作業を進める。

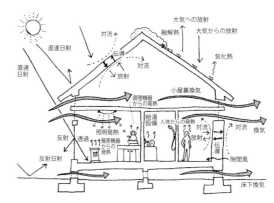

図4　住宅における熱の流れ
直達日射による温熱の伝導や、それに伴う室内空気の対流を考慮して、快適な室内環境を得ることを目指す。採光を確保しつつ直達日射による室温上昇をふせぐには、庇や軒を深めにし、地表面からの反射日射を取り入れるよう工夫するとよい。快適な室温を保つべく、換気や通風のための開口を随所に設ける。これらに加えて換気・冷暖房設備によりその時々に応じた適切な温熱の状態をコントロールできるようにしておく。また降雪地では、屋根に積もった雪や雨粒の融解・気化熱による熱損失についても考慮し断熱方法を考えるとよい。また接地階の床下は、土間による湿気上昇から、カビ定着や構造部材の腐食等が懸念されるため、換気口の位置や方向に不備がないかも見ておくべきである。

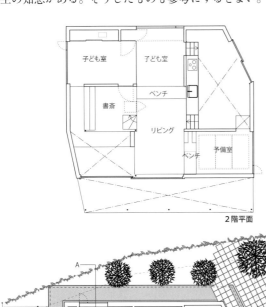

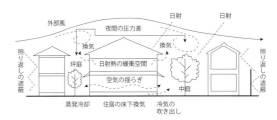

図5　自然現象を活かしたその他の事例（京町家）
古来、京町家には通り庭、坪庭と呼ばれる屋外空間があり、夏場に打ち水をし、涼気を得ていた。また大小複数の坪庭がある場合、剥離通風の圧力差を用いて空気の流れをつくっていた。

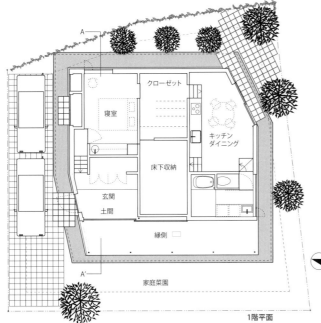

図3　各階平面　S＝1：200

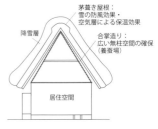

図6　自然現象を活かしたその他の事例（合掌造り）
岐阜の合掌造り家屋では、厚い茅葺き屋根の空気層によって寒冷期の保温効果を高めていた。また小屋裏を作業場、軸組下を居住空間としていたのも極めて合理的な知恵であった。

建築概要　設計：東京工業大学塚本研究室＋アトリエ・ワン／所在地：宮城県仙台市／竣工年：2006年12月／主要用途：専用住宅／敷地面積：231.69㎡／建築面積：90.90㎡／延床面積：137.88㎡／建ぺい率：39.23%（許容50%）／容積率：59.51%（許容80%）／階数・構造：地上2階建・木造

●自然と住むⅡ……柿畑のサンクン・ハウス／神奈川県小田原市／小嶋一浩＋赤松佳珠子(CAt)

農業緑地と一体になった住宅

住宅は、身体感覚にほど近く、もっともシンプルな建築計画の建物である。伝統民家の様式に始まり、西洋洋間の誕生、戦後のnLDK型プラン導入による食寝分離の考え方も導入されるなど、他の建築物に比べ自由度が高く、実に多様である。近年ではとくに、自然・都市環境をどう室内に取り込むかの先進的なモデルも多く見られる。ここでは柿畑と共生する住宅計画を取り上げる。

写真1　東側柿畑より見る

図1　配置　S＝1：2000
敷地境界の北側と東側に広がる柿畑。西側で公道に接している。

写真2　居間側から見る
南側から見る低床の1階部分と地表面の関係。

◆視線の断面計画 ─柿畑の林冠の下に住む工夫─

　自然豊かな場所に住宅を計画するとき、気になるのは窓からの眺めである。樹木や植栽から十分な引きがある場合はあまり気にならないが、窓前に枝振りが迫ってくるようならば、折角の自然環境もかえって鬱陶しく感じる。しかしこの事例では、北側と東側に生産緑地があり、高さ3m弱の柿畑が敷地境界いっぱいまで迫ってきているため、1階床を地面より700mm下げ、密に並んだ柿畑の枝振りの重なりからつくられる高さ2mの林冠にあわせて天井高を設定している。つまり林冠の下に広がる心地よい木陰の空間と、室内環境を連続的に感じられるような工夫がなされていて、1階床に立って外を眺めると、水平方向には視線が抜け、上方には枝越しに空が見えるという趣きある眺望が得られる。まさに柿畑の下に住む断面をしている。屋根は広いルーフテラスになっており、下層と一変して柿畑を上から一望できる。農業用の柿の木は、果実の収穫量を確保するべく、定期的な剪定によりその高さが低く抑えられる。つまり将来的にあまり大きく育っていかないため、建築づくりの物差しにできたわけである。このように自然物と一緒に住むためには、その自然や樹木の寸法だけでなく、将来にわたってどのように成長・繁茂を続けていくのか、それらについて熟知しておくことが大事である。

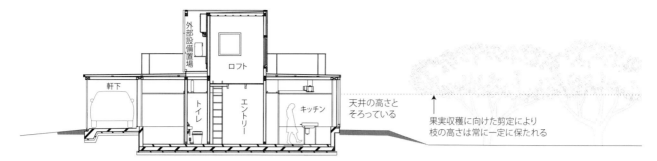

図2 断面 S=1:150

◆昼と夜で変化するフレキシブルなプラン

　この事例は、敷地が広いながらも、建築面積は87㎡程度とやや控えめな小さな住宅で、昼間は中心のコアを取り囲むようなワンルームになる。コアの外郭ラインに沿って16枚のパーティションと十字に交差する可動レールがあり、このパーティションをさまざまに閉じていくことで、夜には水回りや寝室など、各室の用途に応じて閉じた空間を囲うことができる。外壁はすべてガラス面であるが、ダブルのカーテンレールにより、適宜プライバシーの確保ができている。またパーティションレールは、十字の部分においてT字鋼の突端を建具幅分だけ切り落としてあるため、レールを交差してスライドさせることができる。

　このように、広い空間をグリッド状に仕切るのは、日本の伝統的民家の襖を介した四つ間取りに似ているが、四つ間取りには独立した廊下がない。この事例では、コアのさらに内部にある収納を兼ねた「エントリー」によって動線の補完を試みているのが実に興味深く、つまり9つの間取りに分けながら、移動の際に部屋を横断する必要がないのである。コア型の住宅事例は新旧問わず散見されるが、この事例のような「中空コア型」を用いてフレキシブルなプランを試みた事例は希有である。住宅は、新しい建築のアイデアをどんどん試すことができる魔法の箱のようなものである。

写真3　低床フロアと柿畑の眺め
地表面より700mm下がった床に立った視点から、林冠の下部の広がりがまるで室内環境の延長のように見える。

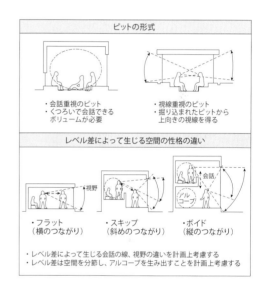

図4　視線の計画モデル
窓や開口を設ける際は、その空間での人の視線の高さを考えて視線の断面計画を行う。例えばこの事例のように、彫り込まれたピット(低床居室)での床座、イス座、立位の各視点の高さを仮に決め、窓を介して切り取られる眺望の広がりを断面図などに書き加えることで模式的にシミュレーションができる。

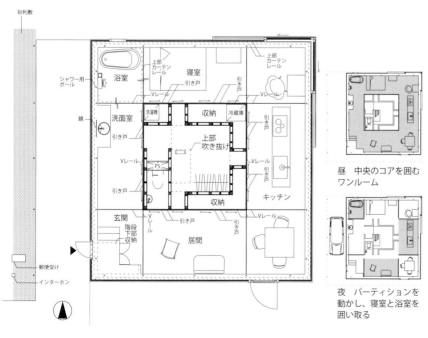

図3　1階平面(S=1:150)と「エントリー」を内包した中空コアと間取りの変化
右上が昼間の間取り、右下が夜あるいは就寝時の間取り。本書では中空コア型と呼んでいる「エントリー」とパーティションの閉じ方によって、適宜必要に応じプライバシーをコントロールしつつ、家族のアクティビティを多様に受容する「揺れ動くプラン」を実現している。

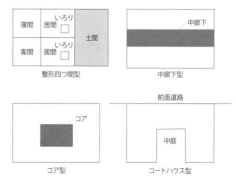

図5　住宅の典型的な平面形式
古来日本の伝統的住宅では、板戸やふすまで区切った田の字の四つ間取りが多く見られたが、大正時代初期頃には住宅の西洋化が進み、浴室や洗面所などの水まわりと居室を分けたり、次第に洋室を取り入れる住宅が増えた。その結果、住宅の中央を廊下で分け、居室を壁で仕切る中廊下型が多く見られるようになった。近年でも比較的建築面積が広く、南北に部屋を割り振るときはこの形式を用いる。コア型は、階段室や水まわりを一か所にまとめて配置するためスペース効率がよく、また設備面でも合理的であるため集合住宅などでもよく用いられる。コートハウス型は、都市部など狭小敷地などにおいての庭や外部スペースの確保と居室の採光を得る場合によく用いられる。

建築概要　設計:小嶋一浩+赤松佳珠子(CAt)/所在地:神奈川県小田原市/竣工年:2010年9月/主要用途:専用住宅/敷地面積:270.67㎡
建築面積:86.50㎡/延床面積:91.42㎡/建ぺい率:31.96%(許容60%)/容積率:33.78%(許容160%)/階数・構造:地上2階建　木造

● 都市と住むⅠ……集密の住居／北海道札幌市／五十嵐淳建築設計事務所

極小空間の集密により空間の拡がりを感じさせる

独立住宅をとりまく事情は、ライフスタイルの変化、核家族化、都心回帰による住宅の狭小化などを背景にして、刻々と変わってきている。そこにはすでに決まった様式はなく、多彩なデザイン、多様な形式は、住み手（＝建築主）の夢の数だけあり、建築はその夢の具現である。本事例では、小さい空間の寸法を超え、より豊かに快適に過ごす工夫とはどんなものかが示されている。

写真1　左側はダイニング。真ん中突き当たりは風除室3。右側はキッチン（外壁はガルバリウム鋼板）

写真2　西側外観

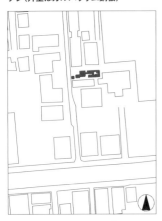

図1　配置　S＝1：2000
西向きに前面道路と接している。敷地寸法は間口約5m、奥行き約16mと南北に長い。

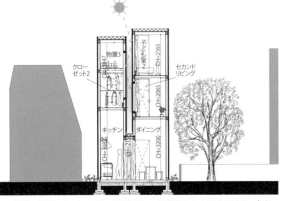

図2　断面　S＝1：200　有効幅30cmの光庭による照壁の原理。各部屋から光庭に向かって随所に窓が設けられており、視線もつながる。

◆間口5mの敷地に、ひとまわり小さな居住環境

　都市に住む魅力は、なんといっても日常生活を送るうえでの便利さにある。駅や商業圏が近く、また職場へのアクセスもしやすい。学校は徒歩圏にあり、病院施設なども充実している。しかし郊外に比べて土地の価格が高く、近隣建物への日影の規制などから、狭小な敷地に小さく住まうことを強いられる。この事例は、そうした都市型住宅の狭小条件に対し、通常考えるよりもひとまわり小さな空間を分棟形式で並べることで、随所に心理的な拡がりをもった内部空間をつくり出すという、逆転の発想をしている。敷地間口は5mであり、一般的な居室のモジュールをこの土地に当てはめると、東西に長く閉じたチューブ状の平面構成をとるのが通常解になってしまうのだが、生活に必要な各部屋を3〜4畳、つまり4畳半よりさらに小さい部屋にし、開口を兼ねた通路状の領域でつないで、いくつかの「続き間」を敷地いっぱいに配している。そうして生まれた外部余地（狭いところで有効離れ30cm）は、日射の明るさを垂直に導く光庭になったり、細長い屋外テラスになったり、また部屋と部屋の窓からの視線をつないで、心理的に内部空間の拡がりを感じさせる役割ももっている。

　各部屋は、居室の用途から見ると十分に小さく、また生活・行動の所作の寸法から考えてもなにがしかの不自由さを感じるかも知れないが、家というものは、慣れてしまえば上手に住みこなすことができるものである。

◆「物理的な寸法」と「心理的な拡がり」

　光庭に面する小波板鋼板の外壁は、ちょうど「照壁」の役割をしている。照壁とは、通常、建築条件などから直射日光の取り入れが期待できない北向き居室の窓前において、日射を拡散反射させることで水平方向から柔らかな明るさを得るために立てられる壁であり、これを室内側から見ると、壁自体が明るく光って見える。人間は、空間心理的にみて、床が照らされるよりも壁面が明るいほうが、その部屋を広いと感じる。この事例でいうと、光庭を介する明るい外壁や、窓と窓を介して他の部屋や家族の生活の様子が見えることで、物理的な寸法の小ささよりも、心理的な拡がりを感じることができるのである。これは都市住宅の新しいモデルといえる。

写真3　各部屋から見た光庭、続き間の様子
敷地外の環境を見通すことはできないが、照壁のやわらかな明るさや、窓越しに感じられる家族の様子などから、心理的な広さやゆとりを感じることができる。

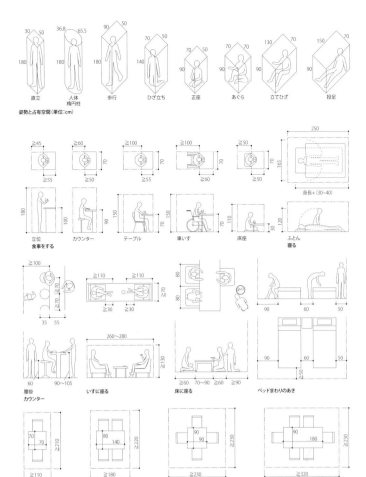

図6、7　人体姿勢と占有空間の寸法
住宅設計ではとくに人体の占有空間の寸法や、所作の際の必要最小限の空間モジュールを熟知しておくとよい。車いす通行への対応や、避難経路に指定されている廊下・階段以外では、法令で規定されているものは少ないが、狭小な空間を設計する時は、所作の最小限範囲と動線などが重なっても支障のないよう、平面図や展開図などの図面でよく検討するとよい。

図3　3階平面　S＝1:200

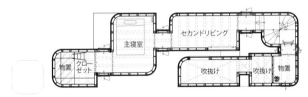

図4　2階平面　S＝1:200

図3～5　各階平面図
分棟形式で配置された各部屋の外壁は、日射を導きやすくするために角が丸められている。各部屋をつなぐ短い通路状の領域から外部アクセスをとり、寒冷地での熱機密性に配慮している。西側駐車スペースの脇に見えるのは屋外倉庫。

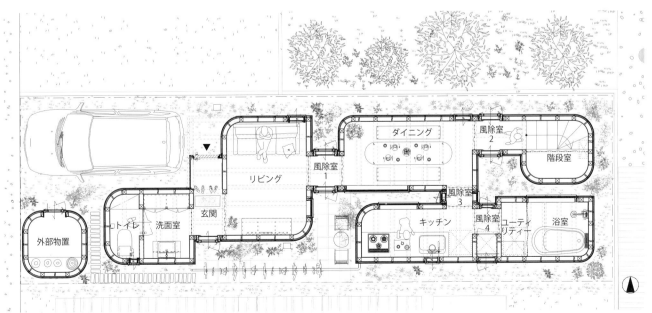

図5　1階平面　S＝1:100

建築概要　設計・監理：五十嵐淳建築設計事務所／所在地：北海道札幌市／竣工年：2013年4月／主要用途：専用住宅／敷地面積：79.64㎡／建築面積：37.92㎡
延床面積：88.50㎡／建ぺい率：47.61%(許容60%)／容積率：111.12%(許容160%)／階数・構造：地上3階建　木造

●都市と住むⅡ……LIFE IN SPIRAL／東京都港区／高柳英明建築研究所

都市景観を楽しむスパイラル「立体縁側」

まちなかの狭小住宅では、庭をもつことを諦めざるを得ない場合が多いが、周辺の都市景観を「わが庭」として楽しむ逆手のアイデアもある。本事例では、敷地の小ささや不整形さを読み、鋼板工法による10cm厚の壁・スラブで空間を構成しながら、2か所の吹抜けを有する、都市に対して明るく開いた「立体縁側住宅」を提案している。

写真1　前面道路より見る

写真2　2階踊り場より階段を見る

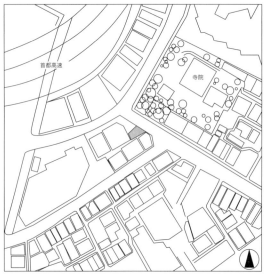

図1　配置　S＝1：3000
都心の高密度環境にありながら通り向かいに広大な寺院の森を臨む。前面道路から奥に向かってくさび型に狭まる極めて不整形な敷地の形状である。

写真3　近くの建物から見下ろす

図2、写真3
狭い住宅用地では、直角整形が好まれる。旗竿敷地などでは工事車両の乗り入れの可否により、既存工法では施工できないこともある。

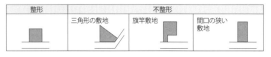

図2　敷地形状の例

◆「狭小・不整形」に対する3次元的な解決策

都市部における独立住宅の用地は、狭く不整形であるものが多い。一般的に敷地の規模が小さいほど設計の自由度は限定され、形状が不整形であるほどスペース効率が悪くなるが、用途地域によって垂直に伸ばして住宅を計画するというのも、解のひとつだろう。本事例は、幅員の広い前面道路を挟んで、向かいに緑深い寺院を臨むという恵まれた立地環境にある一方で、敷地三方をビルに囲まれた「狭小」かつ極めて「不整形」な敷地に建つ。四隅にひとつも直角が出ないという敷地形状なりに住宅のボリュームが与えられ、そこに夫婦と子どものための住居、来客用のゲストルーム、オフィススペースを含む40坪弱の空間構成がなされている。建築面積はさらに狭小になるため、スペース効率上、シャフト状の階段室を計画することを避け、建物の外周に階段を設けることで土地の不整形さを逆手にとり、居住空間とまちを緩やかにへだてる「立体縁側」が仕立てられている。街に向かって住宅を開くべく、北側・西側は全面スチール・カーテンウォールになっている。この内側に、地下1階から3階までの立体縁側を支える延長17mの大きな板バネが建物の揺れを抑えつつ、所々開口をもって内部居室をつないだり、吹抜けに接し、柔らかに日の光を取り込む斜めの腰壁をなしている。

立体縁側の途中の踊り場空間は、こじんまりとした自由な居場所であり、イスを置いて読書を楽しむ場所であり、庭のない家の子どもの遊び場にもなる。このほかにも、日常動線を兼ねるので、朝晩家族が使う洗面スペースになったり、収納スペースになったり、建築照明になったりと、生活場面で役割の多い空間として機能している。

◆鉄骨造、鋼板構造の利点と住まい方

敷地いっぱいまで建物を建てたい場合、一般的には、型枠サポートや大がかりな足場を必要とする鉄筋コンクリート造よりも、建設現場での手間がかからない鉄骨造がよいとされている。この事例では、4.5mm厚の鋼板を用いて、スラブや壁といった主要構造体を10cmまで薄くしてあり、各空間の有効寸法をより広くとってある。また階段の蹴上げ寸法をあえて210mm以上とし、段板中間の空隙を収納スペースとしてあり、全部を足し合わせると納戸2か所と同等の収納力を有している。また階段下のななめに切り取られた小空間である「ハッチ」は、ワークスペースや子ども部屋として機能している。このように、鋼板を多用すれば、木の場合だと最低9cm必要な造作下地を、1cm以下までタイトに設計できる利点がある。

表1 建築規模にかかる集団規定

各自治体から出されている都市計画図に記載されている地域地区区分により、建築規模が細かく規定されている。これに加えて構造の耐火性能についても区分ごとに条法規定がなされる。

種類	設計 概要など
容積率の制限	容積率＝延べ面積/敷地面積のことを指し、用途地域別に前面道路幅員に合わせてその上限を制限する ※延べ面積＝建築物の各階床面積の合計
建ぺい率の制限	建ぺい率＝建築面積/敷地面積のことを指し、市街地に適した空地を確保することを目的としている ※建築面積＝建築物の垂直投影面積
高さ制限	用途地域ごとに建築物の絶対高さを制限する
道路斜線制限	
隣地斜線制限	規定範囲内に建築物の形態を制限するものであり、部分ごとに高さの制限がかかる
北側斜線制限	
中高層建築物の日影規制	規定範囲内に建築物が落とす日影時間を規制することで高さを制限する
防火地域・準防火地域の建築制限	防火地域・準防火地域ごとに建築物の規模によりその構造を制限し、市街地火災における延焼拡大を防止することを目的としている

表2 住宅の世帯人数と面積

LDK形式にかかわらず、世帯人数と大まかな必要面積を知っておくと、計画初段階でのエスキスや、設計現業での建築コストの概算にも役立つ。

世帯人員	室構成 都市居住型	一般型	住戸専用面積(壁芯計算)(㎡) 都市居住型	一般型
1人	1DK	1DKS	37	50
1人(中高齢単身)	1DK	1DKS	43	55
2人	1LDK	1LDKS	55	72
3人	2DK	2LDKS	75	98
4人	3LDK	3LDKS	91	123
5人	4LDK	4LDKS	104	141
5人(高齢単身含む)	4LLDK	4LLDKS	122	158
6人	4LDK	4LDKS	112	147
6人(高齢単身含む)	4LLDK	4LLDKS	129	164

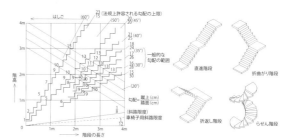

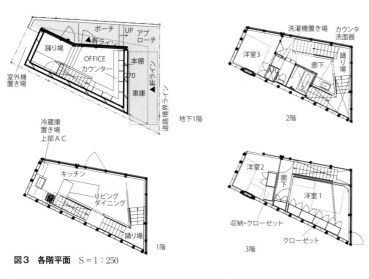

図3 各階平面 S＝1：250

図5 居住環境における階段寸法と勾配・種類

階段は、人間の水平方向の歩行運動を垂直移動に用いるため、途中で蹴上げ寸法を変えたりすると姿勢を崩しけがや転倒の危険が上がるので避けるべきである。途中踊り場を設ける位置については、上るリズムを考えて、必ずしも階の中間でなくてもよい。

写真4 地下1階オフィス　　写真5 1階リビングダイニング

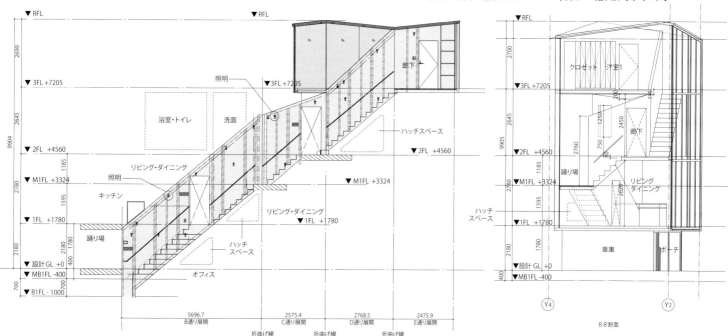

図4 スパイラル構造体の展開と断面 S＝1：150

建築概要 設計：高柳英明建築研究所／所在地：東京都港区／竣工年：2010年4月／主要用途：オフィス併用住宅／敷地面積：49.80㎡／建築面積：29.34㎡／延床面積：115.56㎡／建ぺい率：58.9%（許容60%）／容積率：217.2%（許容300%）／階数・構造：地下1階地上3階建 鉄骨造（鋼板パネル工法）

●集まって住むI……北浦和VALLEY／埼玉県さいたま市／川辺直哉建築設計事務所

集合住宅の共用部を周辺環境と連続させる

集合住宅では通常、廊下やエレベータホール、階段室などの「共用部」と呼ばれる空間が必要になる。生活動線の確保のためであったり、避難安全の面で必要不可欠な空間要素なのだが、居室同様、質の高いデザインを求めたい。この事例では、全14戸の部屋をつなぐ共用通路を、敷地外環境と上手に連続させることで、居心地のよい路地空間をつくっている。

写真1　南側道路より見る

写真2　2階202と203の間より見る

図1　配置　S=1：2000
南北2面接道する敷地のメリットを活かした配置をとっている。引き込んだ路地のような共用部でボリューム分節を図り、周辺の家並みとスケールを合わせている。

◆変容する「集合住宅」

近年、集合住宅[※1]に興味深い傾向が見られる。先端事例の多くは、実は「集合住宅」ではないのである。建築法規上、あるいは民法・条例の扱いでは「寄宿舎」扱いとなるソーシャルマンションやシェアハウスであったり、条例上の「長屋」のタウンマンションであったり、はては共有部つき独立住宅という、30年ほど前の形式のリバイバルまで出てきている。そもそも集合住宅とは、集まって住むことが経済的にも空間的にも、ミニマルな合理性をもたらす究極の解であった。さらに今日では、都市部を中心として、土地の高密度利用を促進する観点から、超高層・高密度集合住宅の事業モデルが開発され続け、今や入居者を奪い合う過当競争を繰り広げている。

一方、集合住宅に入居する住み手はどう思っているのか。長い人生でたった一度の仮住まい、どうせなら趣向を凝らした豊かな空間で、思い思いのライフスタイルを送りたい、そう思う人は意外に多く、単に賃料や部屋の広さだけでなく、デザインによる付加価値を求めている層は年々増え続けている。これからの建築デザインは、そうした人々の暮らしを支えなくてはならないのだが、現行の建築関連条法での「集合住宅」ではルールが厳しく、旧態依然としたビルディングタイプから抜け出せないのが現状である。こうした問題に対し、まずは現行法に則って共用部のあり方を変えたのがこの事例である。

◆豊かな「通り庭」でレンタブル比から脱却

　賃貸型集合住宅は、個人の消費財ではなく、家賃収入を生み出す事業モデルである。クライアントの事情により、節税対策や土地・資産運用、投資目的など、建設の動機はさまざまであるが、おおむね設計やデザインの前には、入居者ターゲット、コンセプト、市場分析などを行い、部屋の間取りやタイプを決め、概算事業費と年間家賃収入を設定するなどの事業計画を立てる。さらにこの建物を建てても大丈夫か、投資として不利ではないのか、資金ショートは起こさないか、といった投資分析指標を見て、着工の検討を行う。設計を始めるにあたって、最初に建築計画を立てるとき、投資分析と密接に連関するのが「レンタブル比」[※2]で、一般的にはこの比率は高いほうがよいのだが、この事例では、あえて低く抑えて共用通路を広く多くとり、全面道路と地続きの「通り庭」のような、居心地のよいセミパブリックゾーンを設けてい

※1　集合住宅とは
建築関連条法、租税法上、正式には「共同住宅」と称され、ひとつの建物の中に、複数の世帯が独立して継続的に居住できるビルディングタイプをさす。また、おおむね商業地域や近隣商業地域などに高さ20m以上のものを建てる場合には、自治体の定める中高層建築物にかかる条例や民法により、
　○住戸内の平均天井高
　○駐車場および屋根付き駐輪場の付置義務区画数
　○常駐管理人室および管理人の配置
　○2方向避難経路の確保
　○避難用昇降設備（避難ハッチ、はしご等）の設置義務
　○エレベータ等防火区画と開口部の十分な離隔
　○水平距離10mごとの消防隊侵入口の確保
　○1.5m幅の敷地内避難経路の確保
　○消防用放水口および連結送水管設備の設置義務
　○境界離隔4m条件での採光
　○住戸数に乗じたゴミ置き場の確保
などが規定されてくる。こうした条法は建物内外の近隣トラブルや避難安全性を担保する目的から、集合住宅の増加と共に年々厳しくなっている。とくに中古物件の耐震改修や共用部改修工事にあたっては、1962年に施行された区分所有法が足かせとなって工事の認可が下りず、リノベーション事業の将来像が描けないケースも多い。

※2　賃貸型集合住宅とレンタブル比
本文中の通り、延床面積に占める賃貸可能な面積（全戸分の専有面積の合計）の割合を示しており、おおむね70～85%である。ロビーやエレベータホール、通路や吹抜けなど、賃貸できない空間が増床すれば、レンタブル比が下がり、家賃収益も低下する。しかし住み手の感じる住居の質は、ドライな事業指標では量り得ない。レンタブル比が若干低くても、共用部に注視したデザインをし、空間的に余裕をもたせるのも、付加価値の創造につながる。住み手にとっては、共用部の空間要素も住戸の一部なのである。

図2、3　配置図を用いて周辺環境との関係を解読し、路地空間と分節ボリュームの配置を決定している。まず南北2面接道のメリットを活かし、2面を通す軸線を描き出す。次に東西の隣地建物との離れや窓の位置、あるいは建物の隙間などを手がかりに視線の抜けや路地空間を段階的に足したり引いたりする。通常、集合住宅の通路空間はいわゆる「ウラ」扱いになるが、この事例では住戸間のプライバシーを調停しつつ生活動線として機能するオモテの空間要素とすることと、パブリックとプライベート空間を段階的につなぐバッファ領域となるねらいをもっているため、各か所の出入りを丁寧に調整している。また多様な角度をもったくさび状の通路をえがくことで、ボリュームの緊張感を低減し、外部からの光の差し方、風の通り方に変化をもたせ、多彩な空間価値を得ることに成功している。

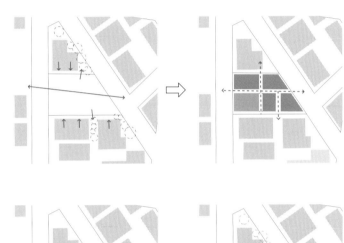
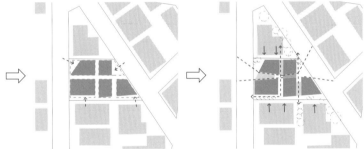

図2　配置のスタディ

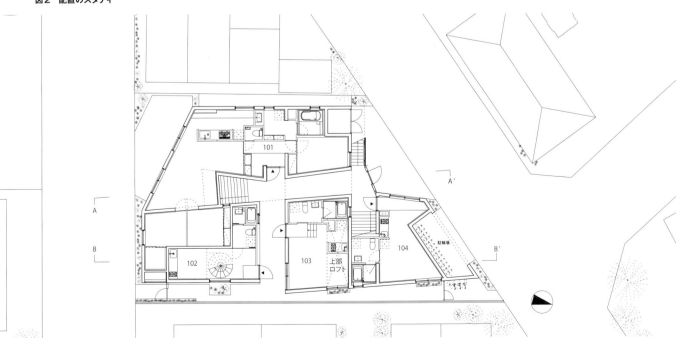

図3　配置・1階平面　S = 1 : 250

建築概要　設計：川辺直哉建築設計事務所／所在地：埼玉県さいたま市／竣工年：2011年9月／主要用途：共同住宅（賃貸）／敷地面積：281.45㎡　建築面積：182.14㎡／延床面積：498.66㎡　建ぺい率：64.71%（許容70%）　容積率：155.03%（許容200%）／階数・構造：地上3階・鉄筋コンクリート造　総戸数：14戸（25.2～77.5㎡）

低層集合体の積層バリエーション（10m以下）

アクセス方法と住戸数

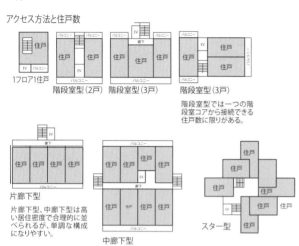

図4　合積層バリエーションと平面計画
低層集合住宅の積層バリエーション（高さ10m以下）を見ると、エレベータの有無によって、住戸内外いずれにデザイン注力の余地があるかがわかる。また平面的に見ても、エレベータと直通階段の位置によって、外観デザインに強い影響をあたえる。

写真3　1階共用部より見る
通路空間には2層分吹抜けた場所もあり、立体的にも変化に富んでいる。

図5、6（2、3階平面図）　図中「▲」がランダム配置された各住戸の玄関である。玄関位置を意図的に位置をずらしつつ、通路形状をくさび形にすることで、住戸相互のプライバシーをうまく調停しながら、適宜採光も確保できている。

018

る。さらに3方向の隣地境界に向けて、この通り庭から視線を通すことで、一日を通して変化する日差しや、街の情景を取り込みやすくしている。住戸の広さは賃料という「量」に縛られるが、こうした居心地の良さは、空間体験を通して感じる「質」の高さとして、住み手の満足に直結する。

◆低層でねらう、変化に富んだ「長屋風アクセス」

　集合住宅は、規模や世帯数が多く、かつ高層化するほど、直通階段を始めとした垂直動線の縛りを受け、自由な建築計画が出来にくくなる。通常4階建以上からエレベータシャフトが必要となるが、各階で固定の位置に配されるため、外観デザインにおいても均質で面白みのないものになる。規模計画や住戸配置を考えるにあたっては、「3階建以下・高さ10m以下」というのがひとつの区切りとしてあり、この範囲であれば計画の自由度は大幅に増す。この事例では、エレベータ不要の低層3階建の規模とすることで、変化に富んだ住戸アクセスとしている。また、玄関位置を意図的に位置をずらしつつ、通路形状をくさび形にすることで、住戸相互のプライバシーをうまく調停しながら、適宜採光も確保している。このような操作は、まるで複雑な立体パズルをとくような難しさがあり、各住戸とも、ひとつひとつ特異なユニット形状や間取りをもつことになるが、それもまた住み手にとっては興味深い住まいの魅力となるであろう。また3階建以下にする利点としては、エレベータなしでメゾネットあるいはトリプレット住戸を組み入れることができることがあげられる（本事例の102号室は3層1ユニットのトリプレット住戸）。こうしたパズル的な計画は、何度も試行錯誤して模型やCG、図面で検討する必要があるが、とくに断面図によるエスキスが不可欠となる。

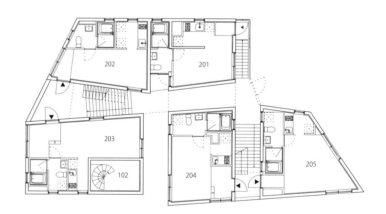

図5　2階平面　S＝1：250

図6　3階平面　S＝1：250

写真5　3層1ユニットのトリプレット住戸
住戸内に階段室をもつため、スチール製の螺旋階段を用いてスペース効率を上げている。仮にこの住戸に踊り場のある通常の階段室を設けると、住戸平面の半分をそれで占めてしまうことになる。

写真4　分節ボリュームのため、全住戸とも2〜4面採光が可能となっている
通路空間に面した開口は歩行者と視線が合いにくい位置や大きさにて設けられている。

図7、8（断面図）　変化に富んだ長屋風アクセスを断面的に見てみる。建物ボリュームで囲まれた空間を縫うようにして動線が立体的に連なっており、まるで小さな街の中を歩いているような空間の雰囲気を得ている。こうした建築空間の質的な魅力は、断面図に表現してみるとよく理解できる。エスキスの際は平面だけでなく断面図を多く描くようにするとよい。

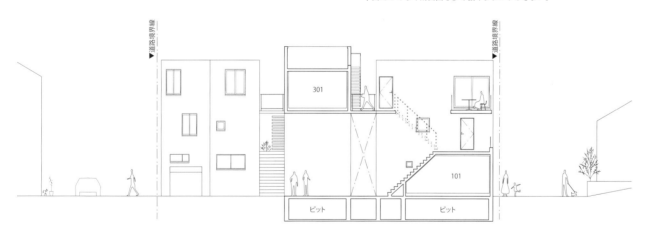

図7　A-A'断面　S＝1：250

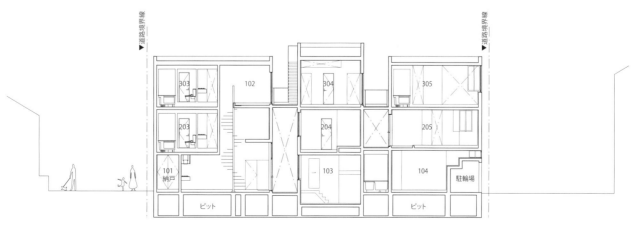

図8　B-B'断面　S＝1：250

● 集まって住むⅡ……都立大学テラス／東京都目黒区／室伏次郎（スタジオアルテック）

「中地・長屋・囲み型」で都市的中庭を

大都市の市街地では、土地の高密度利用の観点から、庭をもつことは容易ではない。しかしこの事例では、囲み型の住戸配置や個別アクセスをとるなど、建築計画にさまざまな工夫をすることで「都市的中庭」を得ている。この中庭は、居住者相互の自然な共存意識を醸成しつつ、住居と都市をゆるやかにつなぐための緩衝空間になっている。

写真1　屋上より中庭を見る

写真2　段のあるエントランス方向を見る

図1、写真3　前面道路に対し、南北2か所で接する異形かつ奥詰まりの中地の特性を活かした囲み型配置。昇降機設備や共用廊下をもたない長屋形式ゆえ、この規模で上手に囲む配置計画が可能となっている。さらには、囲まれた安心感もある。

図1　配置　S＝1：4000

写真3　中庭からの見上げ

◆中地のデメリットを再検証すること

　高密度下の現代の都市住居では、とくに集合住宅の場合には事業モデルでもあるため、より合理的にひとまとまりで建物を構成するケースが多く、庭のデザインは二の次、建物のまわりを飾る余地とみなされてしまう。しかしこの事例では、集合住宅を「長屋形式」とすることで、一般的に条件が良くないとされる「中地」[※1]で都市的中庭を実現し、極めて自然に人と街をつなぎ、環境に対してほどよく開かれた中庭空間を生み出している。西洋都市が「広場文化」であったのに対し、近世以降の日本の都市には「一間道路」で隣人と密に接する「路地文化」があった。このスケール感覚は、いまだわれわれの体に記憶されているためか、この事例でつくり出された中庭からは、そうした「一間道路」の心地よさが感じられる。

　通常中地は、居室の採光条件を考慮して、住戸向きを道路に向けて計画すると、車路やアプローチ確保が困難であったり、住戸数を確保しようとすると、中廊下型になるなど、角地と比較すると間口の狭さから計画にさまざまな制約を受ける。この事例では、そうした法規上の諸問題を囲み型配置による中庭によって解決し、同時に心地よい環境を手に入れている。もちろんすべての中地にこの手法が適用できるとはいえないが、平面規模や階数など建物の規模を抑えつつ、各住戸の居住性能とバランスをとりながら、計画上のストラテジー（戦略）を組んでいくと、出口が見えるかもしれない。

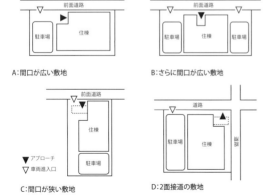

A：間口が広い敷地
車両進入口とアプローチを分けることができる。その際エントランスは駐車場の使い勝手を考慮した位置と向きを考えるか、別に通用口を設けるなどする。

B：さらに間口が広い敷地
両側に駐車場を設けることがあるが、その場合、中廊下型住棟のバルコニーを両側に向け、駐車場への自然監視を向けるように工夫する。

C：間口が狭い敷地
車両進入口とアプローチ動線が重なるが、手前に車寄せ等を設けることで買い物帰りの荷下ろしなどの際、使い勝手がよい。

D：2面接道の敷地
アプローチを2方向からとることができる。駐車場からのアクセスに配慮するならば別に通用口を設けるか、地下駐車場とすることが多い。

図2　敷地特性と接道条件の関係（間口長さ・接道条件からみた配置の典型）

◆長屋形式にみる計画上のストラテジー

一般的な中規模集合住宅では、各階に通じるエレベータがあり、さらに各階には共用通路を設け住戸アクセスをとるが、この事例にはそのいずれもないため、囲みの中庭が広くかつ整型にとれている。これは、住戸内階段と2層目アクセスによる「長屋形式」の採用によるもので、メゾネット住戸とトリプレット住戸をそれぞれ地下1階から1階、2階から塔屋階に配置することが可能になった。つまり共用部での昇降設備・機器を排し、代わりに隣人同士が集える中庭、通り庭、ドライエリアとして計画することで、住環境の質の向上のみならず、建物の維持管理面からも合理的な解決になっている。

◆プライバシーの「階層構造」を考えてみる

玄関を開けたらすぐ道路というのは、さすがに心地よい住居とはいえない。階段部分、共用通り庭といったセミプライベート空間や、囲まれ感のある中庭などのセミパブリックな緩衝空間を、まるで衣服を重ねて着るように、都市に向かって適度な距離感をもって階層的につないで、心地よい住居のプライバシーを守るのがよい。またこうした領域相互の階層構造をもつことで、入居者相互のごく自然な共存意識を醸成し、適度なコミュニケーションの場を提供できる。さらには、よからぬ者の侵入を防ぎ、防犯にもつながる。このことを「自然監視効果」と呼ぶが、これは決して排他的な意味ではなく、人と街を自然につなぎ、環境に対してやわらかく、かつ温かく開いた、集住のモデルといえる。

※1 角地と中地
角地とは街区割の角にあたる土地であり、通常2面で道路に接するため、採光条件、アプローチの自由度、歩車分離など土地利用上のメリットも高く、建ぺい率も制限値より10%の緩和が適用される。そのため土地評価額は高い。
一方「中地」は前面道路に対して1面でのみ接するもので、一般的に間口は狭く、都市部などでは車路・駐車駐輪区画の確保、ごみ置き場等を整備する上で比較的条件が良くないとされるが、土地価格が低いため、集合住宅の事業用地としては高需要である。

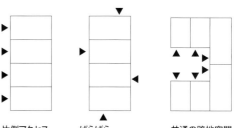

片側アクセス
今まで通り並べただけ。何か工夫がほしい。

ばらばら
アクセス位置・向きが全くばらばら。立面的にも表情豊か。

共通の路地空間
中庭や路地空間と連接した豊かなアプローチ空間。

図7　長屋形式の利点
ボリュームを低層に抑え、各住戸に個別アクセスをとることで、建物を法規上の長屋として扱うことができる。その際、玄関の位置や窓先空地を比較的自由にとることができ、変化に富んだデザインが可能となる。また玄関前の接地性などを活かし、多彩な外部空間とするなど、共用空間の可能性を試す余地を多く残している。

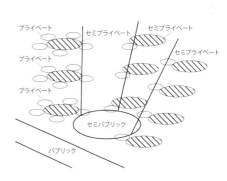

図8　プライバシーの階層構造
住戸と外部をつなぐ生活動線を模式的に示すと、パブリックからプライベートに至る緩衝空間の配置検討に役立つ。図中のハッチ部分は、いわば「向こう三軒両隣」の最小限のコミュニティサイズのセミプライベート空間を示しており、十分な広さがなくとも、隣人同士のノンバーバルなコミュニケーションが出来れば心地よい。しかしながら通路然としたものは通路以上にはならず、デザインセンスが問われるところである。また、図中大きな白丸で示したものがセミパブリック空間であるが、一般的にみてこの空間取りが極めて難易度が高い。中庭に季節の花や植物、ベンチ等が何もなければ人は立ち止まりもしない。計画上、容積率の低減が難しい場合は、外部に開いたコモンテラスとして上層部に設えるという方法も考えられる。

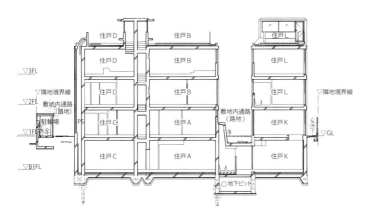

図3　南北断面　S＝1：400

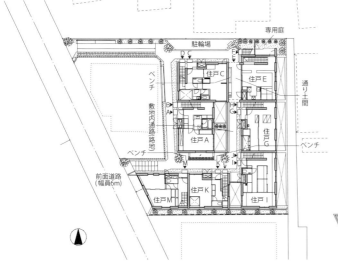

図4　1階平面　S＝1：600

図5　2階平面　S＝1：600

図6　3階平面　S＝1：600

建築概要　設計：室伏次郎（スタジオアルテック）／企画・プロデュース：アーキネット／所在地：東京都目黒区／竣工年：2011年9月／主要用途：長屋（コーポラティブ分譲）／敷地面積：662.51㎡／建築面積：340.44㎡／延床面積：1301.71㎡／建ぺい率：51.39％（許容60％）／容積率：139.11％（許容200％）／階数・構造：地下1階、地上3階、塔屋1階・鉄筋コンクリート造／総戸数：13戸（67.89～107.79㎡）

●集まりのしかけⅠ……LT城西／愛知県名古屋市／成瀬・猪熊建築設計事務所

寄宿舎リバイバル時代にみる新築シェアハウスの価値

昨今、集住の新しいかたちとして「シェアハウス」が取り上げられているが、これらは旧来の寄宿舎や学生寮、社員寮などの建築形式を用いている。問題は不特定の入居者同士のプライバシーやライフスタイルをいかにして守り、豊かにしていくのかである。この事例では、プライバシーとパブリックの関係に、より深く立ち入りデザインすることで解決している。

写真1　南側外観　　　　　　　　　　　　　写真2　1階共用部ダイニングより見た内観

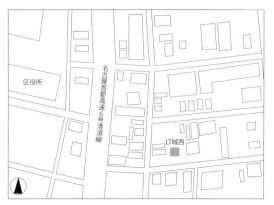

図1　配置　S＝1：4000
ゆったりした南向き敷地に、4方位に十分な採光確保ができる配置。前面に駐車場あり。

◆室内共用部で公私を取り持つ

　寄宿舎とは、1990年代ごろまではごく一般的な学生用の下宿や、企業の社員寮や保養所施設として馴染みの深かった建築の形式である。近年の建築費の高騰や都市部での賃貸住宅の供給過多のほか、中古建築のリノベーション事例も多くなっていることなどから、旅館や社員寮からシェアハウス[※1]への転用も多く見受けられる。古い建築の独特の持ち味を活かしリノベーションされたシェアハウスなどには、そうした魅力を見いだす若年層からの引き合いが強く、結果として新築から興すよりも合理的であるといえる。しかし中古建築は構造的にも脆弱になっていることが多く、残された耐用年数を考えると、近い将来、建替えの問題が発生する。またリノベーション対象となる建築が、21世紀の現代人が求めるべきシェアハウスの機能や、空間要素に対応できるものとは限らない。

　それに対して新築でシェアハウスを企画・設計する場合は、各住戸の専有空間と、バスルームやダイニング、リビングなどの共用部との無理のない空間調停がテーマになる。この事例では、2階建の規模ゆえ、区画された階段室をもつ必要がないため、伸びやかな吹抜けに接するようにダイニングキッチンとリビングが置かれ、2階住戸へのアプローチ階段の途中にもリビングを設けるなど、大小の空間が無駄なく連関しているのが魅力である。また各住戸の入口を室内側に窪ませることで、生活音の問題だけでなく、共用部との心理的な距離感をもたせられるため、デリケートな公私の調停が可能となっている。

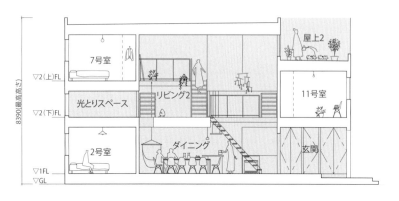

図2　断面構成　S＝1：200
構造材の耐火制約から3層2階建の断面計画となっている。各階居室天井高は2.3mに抑えられているが、吹抜け部分と連接させることで全体の空間の質はゆったりとしている。

022

◆敷地・立地条件からシェアハウスを組み立てる

居室を設けるには建築法規上有効な採光率を得なければならず、シェアハウスでは部屋を小分けにする分、条件が不利になることが多い。この事例では敷地に対して外壁を十分に離隔し、良好な採光条件を得ている。間口の狭い中地では、隣地側から採光を採るのが困難であるため、前面道路側とその背後に窓を向けるか、それも困難である場合は天窓（トップライト）を設置する。通常、新築でシェアハウスを計画する場合、3階建以上になると直通階段を防火区画にすることを求められ、上下階をつなぐ動線と連接して吹抜けを設けることが難しい。この事例のように居室を四周に配し、中央に大きな共用空間を設けるのは、低層での計画に限られる。仮に中高層で計画するならば、各階の共用通路の面積配分を大きくし、洗面やリビングといった階層単位の共用部を設けるとよい。

◆無理のないシェア空間のサイズ

仮に入居者が10名で、毎晩10名が顔をつきあわせてリビングに集まればそれでよいかというと、実際の住生活を思い描けばそうでもないことがわかるだろう。気の合う2、3人で何となく集まりつつ、各々、読書やインターネットなど趣味に興じるゆったりとした使い方も必要である。あるいは長机に人数分の椅子が置いてある場というのは、自然と会議室のような雰囲気になり、あまり生活のシーンとして適切とはいえないだろう。シェアハウスを計画するには、こうした「集合の型」とその「対人集合の居心地」についてきめ細やかに考慮すべきといえる。この事例は住戸数13戸でありながら、13人が一斉に集まる空間はない。生活リズムも帰宅時間も、趣味嗜好もまちまちな、いわば現代的ライフスタイルに合わせて、自由に使えるスモールスペースを多く設けてある。また各スペースは壁心3.64mであることから、対人会話に適した最小限の空間寸法になっている。つまりこれより大きいと会話が届かず、小さいと狭苦しく感じる。その適度なサイズのスペースが上下水平に連なっていることが、ちょうど良いシェア空間をつくり上げているといえる。またこうした大小の空間は、住み手のその時の気分によって選び取られる場であるから、壁で仕切って小分けにすると、集まりのサイズや対人関係によっては、違和感を増幅させることになるので注意を要する。

※1 シェアハウスとは

建築関連条法上、寄宿舎として分類され、住戸とは別に、浴室・トイレ・洗面スペース・居間・キッチン等を共用できる形式をさす。一般的な空間要素と必要機能としては、まず住戸は採光条件のとれた居室であること、ベット、デスク程度を配置できる広さであるのが好ましい。また室内共用部は、居住定員から適切な広さ・か所数を設けておく。リビングルーム、シアタールーム、ゲームルーム、共用ダイニングキッチン、共用洗面室、共用浴室、シャワーブース・トイレ、共用玄関（共用下足入）、階段室などがあげられる。また浴室やトイレのか所数はとくに法令による数量指定はない。屋外共用部は、エントランス、共用庭、ガーデンテラス、駐輪場・駐車場、共用菜園やビオトープ等があげられる。

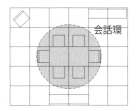
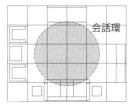

図5 「居場所」の広さと自由さ

リビングなどの家族やグループで集まる空間の広さを考える際、把握しやすい指標として、直径3m前後の「会話環」を用いるとよい。図に示すように、テーブルや座卓を囲み、椅子やソファに着座し会話が成り立つ程度の距離感が得られる場合、団らんの空間としては適切といえる。またこの時家族のような親密な関係の者同士であれば、お互いの表情が感じられる距離が違和感なく心地よい。一般的には、リビング・ダイニングルームは、この正円が2つ組み合わせたものが内包される広さがあればよい。

写真3 2階より見る
リビング2で憩う3人の女性。

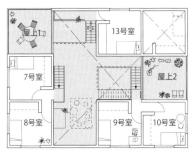

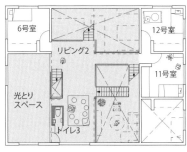

図4 2.5階平面（上）と2階平面（下）
S＝1：300

図3 1階平面 S＝1：300

建築概要 設計：成瀬・猪熊建築設計事務所／所在地：愛知県名古屋市／竣工年：2013年6月／主要用途：寄宿舎（シェアハウス）／敷地面積：629.06㎡／建築面積：167.95㎡／延床面積：321.58㎡／建ぺい率：26.69%（許容60%）／容積率：48.89%（許容200%）／階数・構造：地上2階・木造／総戸数：13戸（各戸専有面積12.3㎡）

● 集まりのしかけⅡ ……ヨコハマアパートメント／神奈川県横浜市／西田司＋中川エリカ（オンデザイン）

住み手のターゲティングで地域に開いた共用部をつくる

独立住宅などの計画では、住み手＝クライアントであるから、常に要望や問題に向き合いながらデザインできるが、賃貸型集合住宅の計画の難しさは「住み手の顔が見えない」点にある。誰が住んでも大丈夫だということにするか、あらかじめ住み手のターゲット層を決めておくかで悩む。この事例はそうしたジレンマに対し、ターゲットを特定することで地域に開いた共用部の創出を図っている。

写真1　住戸へと続く階段の踊り場から天井高約5280mmの広場を見下ろす

写真2　部屋2へとつながる外階段

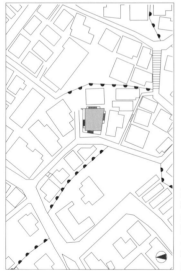

図1　配置
S＝1：1600
三叉路に対して2面接道した谷地。日照上デメリットもあるが、地域のへそとしての好立地でもある。

写真3　南側より見る
接道する2面から外部アプローチをとっている。また半屋外の共用部は、中心から四方に向けて風車のように開放されている。

◆立地のメリットを活かし共用部をまちのへそに

　この事例も22頁のシェアハウスに似ているが、建築の型式としては「共用部付きの間貸し住宅」である。木造2階建の1階部分中央には、外部に対してゆるく開かれた共用部が置かれ、そこに共用キッチンやダイニングスペースが設けられている。2階には浴室・トイレを備えた4つの間貸し部屋があり、共用部から4か所の個別階段で公私を隔てる計画になっている。敷地は周辺に対して低い谷地であり、一日のうちの日照時間が比較的短く、陰鬱な場所になりがちであるが、1階の天井高が約5.3mあるため、陽光の差しにくい谷地のデメリットを克服し、明るく伸びやかな共用部空間を得ている。

　一方、敷地のメリットも大きい。三叉路に接した角地であり、しかも谷地である。都市レベルに目を転じると谷地は古くから人が集まりやすく、今でも繁華街となっていることが多いが、「ゆるく開かれた共用部」とは、こうした立地特性を読み解いた価値創造の一手段といえる。「若い作家やアーチストに住んでほしい」というクライアントの要望を受け、この共用部はキッチン、ダイニング用途の他、制作作業や、作品展示を行う場として活用される。床は、半屋外空間としてモルタルで仕上げられており、住み手はもちろん、近隣住民や外部からやってくる人々も気軽に立ち寄ることができる。まさに都市コンテクストを読み解いた好例といえる。

◆集合住宅におけるターゲットセグメンテーション

　ターゲットを決める（ターゲティングという）とは、年齢層、家族構成、世帯収入だけでなく、趣味・嗜好、テイスト、生活思想、ライフスタイルといったことまで踏み込んで分析することである。また、住み手がど

んな生活像を描けそうなのかストーリーを考えておくことも大切である。これは住み手に対してだけでなく、クライアントが建物を維持管理していく観点で5年、10年、20年先も見通しておく。この見通しを立てるには、ターゲット特定(ターゲット・セグメンテーション)するのがひとつの手であり、今回の事例では若い芸術家・アーチストがターゲットに該当する。彼らがここに住み、いかなる創作活動を行い、建物やまちに対してどんな刺激となり得るか、そしてそれを受容するための計画を形にすることがデザインの対象になるわけである。この事例の共用部には、絵画や写真等、作品展示を鼓舞する大きく白い壁面がある。音楽家にとっては各住戸の階段がステージや観客席にもなる。異種のアーチスト同士が制作の場を共有すれば、思わぬコラボレーション、シナジー効果も期待できる。そしてそれを余すことなく外部に向けてオープンにすれば、地域のメディアにもなり得る。という具合に、気が付いたらいつしか人が集まる場所になっていたというストーリーを創造的に思い描けるのではないだろうか。

◆求められる住み手の自主性と自治性

この事例では、音楽会や文化活動などの外部から持ち込み、共用部の活用スケジュールや運営方法を決める、住み手による自治会があり、小さな近所を支え合っている。住み手はここに住みながら、芸術活動を通じ他者とふれあいつつ、建物運営のほとんどを任されるため、相当の自治性と自主性が問われることになるが、一方で現代のワンルーム型マンションにはない、より自然な、自発的な生き方を取り戻すきっかけとして期待されるものでもある。ただし10世帯を超えるような中・大規模なグループサイズ[※1]をもつ集合住宅では、全体の合意形成が難しくなるため、こうした共用部のか所数を増やすなどし、小さいグループサイズの自治とするとよい。とにかく本事例は、今後進むであろうコミュニティの高齢化などを背景にすると、活気ある若年層を受け入れるコミュニティのしくみのひとつになり得るだろう。

図4　2階平面　S＝1：300

写真4　部屋の内観

図4、写真4　個別アプローチとリビング・アクセス
通常の片廊下型の集合住宅では、リビング側が正面とすると、裏側に玄関、すなわちアクセス向きをとるが、この事例では各住戸が独立した階段を有しているため、玄関前のプライバシーに気を遣う必要が低く、リビング・アクセスが可能になっている。

写真5：住み手によるイベント・作品展覧会
定期的な芸術活動の公開の場として、または外部からの持ち込み企画の会場として機能するべく、住み手は集まる場の運営者として位置づけられる。

※1　グループサイズとは
建築計画の集積効果をねらった群形成において、各空間単位あるいは要素全体をどのように複合させるかにより、建築群としての性質を決定づける。この大きさのことをグループサイズと呼ぶ。建築計画におけるグルーピングとは、単位空間相互を、活動の主体別、利用主体別、空間形態別に、樹状構造などの基篤に沿ってグループにくくって整理する。つまりグループが大きくなりすぎないよう、群島型にする、あるいは共用部を介してクラスタ(住戸ユニットのかたまり)に分けるなどが考えられる。

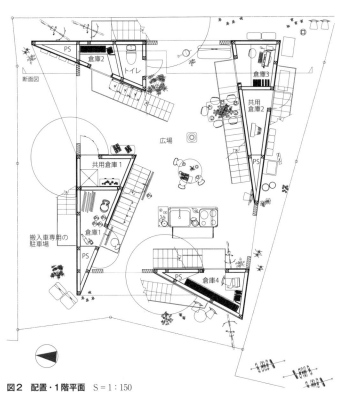

図2　配置・1階平面　S＝1：150

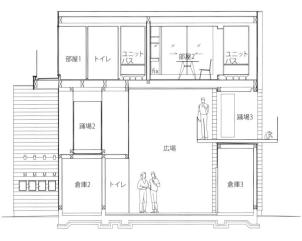

図3　断面　S＝1：150

建築概要　設計：西田司+中川エリカ(オンデザイン)／所在地：神奈川県横浜市／竣工年：2009年8月／主要用途：共用部付住宅(間貸し)／敷地面積：140.61㎡／建築面積：83.44㎡／延床面積：152.05㎡／建ぺい率：59.34%(許容60%)／容積率：108.13%(許容150%)／階数・構造：地上2階・木造／総戸数：4戸(各専有面積22㎡)

空き家激増時代の住宅とエリアの魅力

　空き家率の上昇が止まらない。総務省の平成25年度住宅・土地統計調査によると全国の総住宅戸数に占める空き家の割合が13.5%、820万戸もあるという。空き家が増える一方で、新設着工数は毎年100万戸近くある。それに加え、人口減少や高齢者の施設入所も今後ますます増加するので、空き家の増加はさらに加速していくだろう。

　空き家率のコントロールは、「空き家の除却」「空き家の活用」「新築の抑制」の組合せによるといわれている。しかしながら、空き家の除却は、除却し更地に戻すと固定資産税が高くなってしまうという理由から、所有者が自ら除却するインセンティブがなかなか働かず進みにくい。空き家活用は、空き家の膨大なボリュームに対して大きな効果は期待できるわけではない。新築の抑制は市場にゆだねられている。そのため、建築する側では手を打ちにくく、革新的な住宅政策に期待するしかないのが実情である。

　では、空き家が増えていく社会において、住宅の計画はどうあるべきだろうか。まずなによりも、住み手に選択され、長く住み続けられるものでなければならない。すぐに空き家になってしまうものでは、計画する意味がない。住宅の計画に優れ、飽きのこないデザイン、地域のブランドを高めるデザインが求められる。

　ただ、住宅の計画を良くしただけでは難しい面がある。ユーザは、その地域に住みたいかどうかを選ぶからである。住宅がいくら住みやすくても、その地域に魅力がなかったり、住みにくかったらだめなのである。そこでは、地域全体の魅力を高め、エリアの価値を高めることがセットで動いていくことが求められる。これがエリアマネジメントである。建築にかかわる者は、これからの人口減少時代の中では、そこまで考えることが必要となっている。

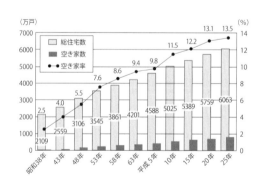

図1　総住宅数、空き家数および空き家率の推移
　　　全国（昭和38年〜平成25年）

住みながら働く
集まって働く
効率よく働く
刺激しながら働く

働く

02

● 住みながら働く……ちよだの森歯科診療所／群馬県邑楽郡／小川博央建築都市設計事務所

セル・グリッドが活きる診療所併用住宅

働く環境は年々変化を続けている。建築計画的に見ると、高密度・高機能都心型オフィスビルをはじめ、SOHO住宅やコワーキングスペースなど、幅広い様態の働く場所が求められている。また環境負荷センサーによるインテリジェント化やビルエネルギー消費量管理システムの導入など、設備計画的にも高度に発達している。ここではそれら働く場所の最小単位といえる併用住宅の事例を紹介する。

写真1　2.7mmグリッドの室と中庭の組合せで組み立てられた空間計画

写真2　グリッド間の壁がいく重にも重なって見える

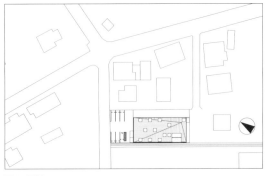

図1　配置　S＝1：300
市街地の四つ辻付近に立地しており、まちの歯科医院として気軽にアクセスができる。前面に駐車場、道路側に医院アプローチを、裏手側に住宅部分のアプローチをそれぞれ分けてもつ。

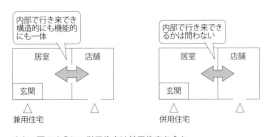

また、図のように、併用住宅は兼用住宅を含む。

図2　併用住宅と兼用住宅の違いについて
建築関連法上、併用住宅とは事務所や店舗、診療所などを兼ねた住宅をさす。兼用住宅とは併用住宅のうち住宅部分と非住宅部分が構造的・機能的に一体となっていて、用途分離ができないものをさす。また診療所の場合は、併用住宅であっても内部で行き来できるかどうかの制約は問われない。

◆機能を分離し、動線をつなぐ

　群馬県の市街地に立地するこの事例は、建物オーナーの院長自宅と、数名の歯科医師・医療従事者の働く歯科診療所からなる「併用住宅」として計画され、前面道路に向かって表側に診療所、裏側に住宅があり、それぞれ外部アプローチと個別エントランスが設けられている。内部では、技工スペース奥にある廊下を通じて住宅部分とつながっており、食事や休憩の都度の移動に配慮した計画がなされている。また階段室から東側はすべて住宅になっており、2階リビングへのアクセシビリティも高い。

　この事例のように、住宅の一部として働く場所を確保する建築計画上のポイントは、①それぞれの機能を明確に分離しながら、②内側の動線で適切につなぐことである。敷地に余裕がなく面積制約を受ける都市型併用住宅の場合は、共用アプローチの先で個別エントランスを設けるとよい。また②に関しては、建築基準法上では内部連絡通路は

写真3　外観
機能分離した平屋構成の診療所と2階建の住宅が単一ボリュームとして意匠的にまとめられている。

必ずしもなくてよいとされているが、雨の日に傘をさし、建物外を経由しなければ帰宅できない計画は、あまり賢明であるとはいえない。

◆「どこで働くか」でなく「どう働くか」

自営業を兼用住宅で営むことのメリットとは、なんといっても職場と自宅が近いことにある。といっても単に働く際の利便性を追求するばかりではなく、働くことの「質」を建築デザインとしてどのようにかたちにしていくかが、今後は求められるだろう。

この事例では、2.7mの基本グリッドのセルにそって、11か所の中庭があり、外光と四季折々の環境の変化を内部に引き込んでおり、歯科医院独特の閉塞感はそこにはない。また室内の壁・天井は白く清々しく、自然のグラデーションを映し受け、来院者にホスピタリティの高い治療環境を提供している。明るくゆったりとした環境は、歯科医師にとっても心理的に質の高い職場といえよう。

平面図を建築計画的に見ると、この2.7mグリッドが絶妙である。3か所の診療スペースは診療台相互のプライバシーを適度に守りつつ、バックスペースとシームレスにつながっていて、効率のよい作業動線を生み出している。待合いスペースからも視線が遮られず、セルにより領域が分けられており、適度な離れを有する。また2.7m正方の小部屋は、将来的な設備拡張や、各室の用途互換をする際に有利であるといえる。

用途地域		住居・共同住宅	兼用住宅
住居系	第1種・第2種低層住居専用地域	○	●
	第1種・第2種中高層住居専用地域	○	●
	第1種・第2種住居地域	○	○
	準住居地域	○	○
商業系	近隣商業地域	○	○
	商業地域	○	○
工業系	準工業地域	○	○
	工業地域	○	○
	工業専用地域	×	×

○：建築可能　●：制限あり　×：建築できない

表1　兼用住宅の建築制限
例えば第一種低層住居専用地域に計画する場合は、非住宅部分の面積が延べ面積の1/2以下かつ50㎡以下であることと、住宅部分と非住宅部分が内部で行き来でき、構造的・機能的に一体となっていることが建築条件となる。

業種名	客1人に対する床面積[㎡/人]	収容人数[人/㎡]	厨房面積/店全体の床面積[%]
喫茶店	0.8～1.4	0.7～1.3	14～18
軽飲食店（喫茶と軽食など）	1.0～1.3	0.8～1.0	17～21
料理飲食店（日本料理、レストランなど）	0.8～1.7	0.6～1.3	24～35

表2　非住宅部分での飲食・喫茶店向け所用面積と比率
住宅地などで計画する際は、50㎡以下の制限を受けることがあるが、小規模な喫茶店や飲食店であれば、厨房やキッチンとの面積比率や席数をあらかじめ算出しておくと計画の目安になる。

写真4　2階住戸部分（リビング）

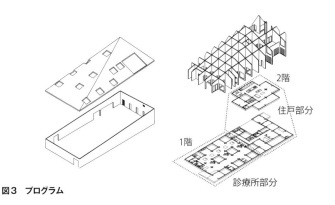

図3　プログラム

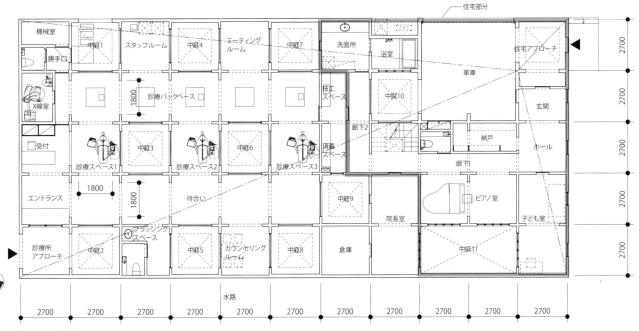

図4　1階平面　S＝1：200
2.7mの基本グリッドのセルに沿って、11か所の中庭がある。

建築概要　設計：小川博央建築都市設計事務所／小川博央／所在地：群馬県邑楽郡／竣工年：2011年1月／主要用途：歯科医院　一部住宅／敷地面積：804.26㎡／建築面積：306.18㎡／延床面積：353.34㎡／建ぺい率：38.07％（許容70％）／容積率：43.94％（許容200％）／階数・構造：地上2階・木造

● 集まって働く……Grotto／兵庫県芦屋市／芦澤竜一建築設計事務所

多様な活動を誘発する貸しオフィス環境

近年は、情報ネットワークの普及によって、個人や少数で起業し、エネルギッシュに活躍する若い世代が増えた。彼らの多くは、従来型の均質で効率偏重なオフィス環境を嫌い、「個性的に、自分らしい働き方」ができる場所を求めている。この事例では、彼らの自由な働き方をサポートしつつ、多様な活動をさらに誘発する、新たな時代のオフィス計画のあり方を示している。

写真1　SOHO3土間よりオフィス7を見る

写真2　SOHO3土間の回転式木製パーティションを閉じて、廊下をはさんでオフィス7の土間とテラスを見る

◆土間を介して刺激しあう貸しオフィス

　一般に貸しオフィスは、仕事の効率や採算性を重視するあまり、特徴あるデザインや建築計画にならないことが多いが、この事例では各オフィス区画の前面に「土間」を興味深いしかけとしてもっている。この土間は、中廊下の共用部と各区画の専有部分の間にあって、それらをゆるやかに分けながらつなぐバッファゾーンとなっており、入居した会社や利用者に多彩な活動を誘発し、相互に刺激を高め合えるコミュニケーションのための場としても機能している。出入口には2m幅のガラス引戸が設けられ、あえて中向きに見せるオフィスとすることで、集まって働くことの新たな価値を視覚化している。また地下1階から2階にはテナント区画が、4・5階部分の一部にはメゾネット型のSOHO住宅があり「働く、住む、交わる」すべてが揃った刺激的な複合体となっている。

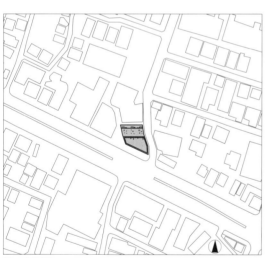

図1　配置図　S＝1：1000

写真3　南東側外観
敷地は幅員20m超の国道沿いにあり、都市計画上の商業地域という特性から、周辺は今後も高度に発展を続けることが予想されるため、存続し続ける岩山の永遠性を主要コンセプトとして設計された。

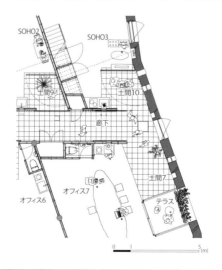

図2　廊下-土間-居室
土地の不整形さを活かし、異形レイアウトされたオフィス区画と中廊下の関係。どこをとっても同じ空間がないという歪みや淀みが、かえって働くかたちの多様性を支え、試みの余地を多く生み出している。

◆オフィスの低迷需要を生き抜くひとつの解

首都圏をはじめ大都市近郊では、今や貸しオフィスの需要は驚くほど低く、まったく入居のないオフィスビルもある。一方、個人や少人数による活発な会社は、働く場所を従来型の貸しオフィスに求めておらず、賃貸型集合住宅やリノベーションされたSOHOなどを借りて上手に使いこなしていることが多い。こうした背景には、デジタルデバイスの小型化や情報クラウド化、ペーパーレス化の推進などが背景としてある。今やオフィスワークは、机や資料棚から解き放たれたかわりに、グループミーティングや協調作業といった、他者との対話・交流を意欲的にもつことで新たなビジネスシーズやアイデアをつくり出すことが求められている。そうした意味では、本事例は絶好の試みの舞台であるといえる。

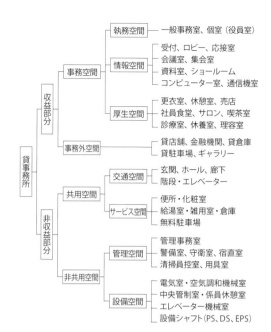

図7　貸しオフィスの構成

貸しオフィスとは、事務作業を行う執務室として計画されたもので、借り主から賃貸借契約のもとに時限的に借りる空間である。円滑なオフィスワークができ、打合せ・会議スペースのほか、トイレやミニキッチンといったユーティリティスペースを含み、居住はできない。図は貸しオフィスビル全体の一般的な必要要素と構成を示している。

写真4　メゾネットタイプの住戸

図3　4階平面　S＝1：500

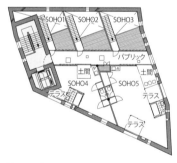

図4　5階平面　S＝1：500

表1　オフィスビルのコアタイプ

コアとは、エレベータシャフトや階段室、配管用PS等、上下に貫く構造体のまとまりをさし、平面上の位置や箇所数によってそれぞれ執務空間の形や採光方法、空間配置に差異が現れ、計画的特徴のほとんどを左右する。ちなみにこの事例のコアタイプは、西側にそれらが寄っているので、片コア（扁心コア）型になる。東に2面接道した角地特性を活かした配置の仕方といえる。

図3～5　テラスの挿入によりつくられる異形空間

避難経路を兼ねたテラスが外壁に沿って挿入されている。各オフィス、SOHO住宅に異形な室内外の関係が生まれ、「どうやって住みこなそうか」といった使い手の創意を刺激する。各自自分なりにこの空間の使い方・働き方を工夫せよと、建築から熱いメッセージが込められているようである。

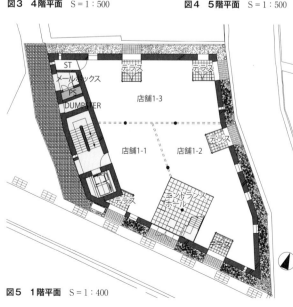

図5　1階平面　S＝1：400

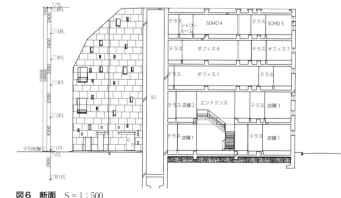

図6　断面　S＝1：500

建築概要　設計：芦澤竜一建築設計事務所／所在地：兵庫県芦屋市／竣工年：2009年12月／主要用途：事務所（併用店舗）／敷地面積：451.95㎡／建築面積：322.06㎡／延床面積：1,431.30㎡／建ぺい率：71.26％（許容80％）／容積率：299.84％（許容300％）／階数・構造：地下1階 地上5階 鉄筋コンクリート造 一部鉄骨造

●効率よく働く……清水建設本社／東京都中央区京橋／清水建設

仕事の進め方・快適さを追求したオフィスビル

大規模なオフィス空間では、個人が集まり組織となり業務にあたっている。業務内容も多岐にわたり、部局ごとに異なる仕事の進め方をする場合も多い。こうした環境では、個人作業の成果を会社全体の業績へとつなげるための効率の良さや快適性が重要視される。ここでは組織的な仕事の進め方に着目したオフィス空間の事例を紹介する。

写真1　エントランスホール
アルミキャストの方立でガラスの大判（高さ7900mm）を支えている。

写真2　開口部を室内側から見る

図1　配置CG

写真3　西側立面

図2　配置
敷地は東京都中央区京橋。国道4号線（昭和通り）に面しており、都市再生特別地区の認定を受け1230％の容積率が実現した。

◆仕事のプロセスをデザインする

　個から組織をつなぐ仕事を進めるうえでは、「分散・協働・集中・共有」といったいくつかのプロセスを経る。部局を横断したり、社外組織と協働する必要もある。大規模オフィスのレイアウト[※1]は、こうした仕事の進め方にあわせてフレキシブルに対応できなくてはならない。例えば、この事例の設計部局のある階では、個人のワークエリアに隣接してチーム協働できるコラボレーションエリアが配されている。またフロア四隅には情報の共有に適したコミュニケーションスペースがあり、設計業務プロセスを適切に支えている。基準階との比較で見ると、設計業務では大判の図面や建築模型などを用いるため、余裕のあるスペース取りがされている。床面積が大きい場合、コアを扁心させることでひとつながりの大空間が得られ、用途の変化に対応できる。社内食堂フロア

02 …働く ❸

写真4　17階(設計部階)の執務風景

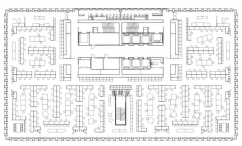

17階平面（設計部階）

10階平面

4階平面

図3　各階平面　S＝1:1000
偏心コアによりフロア全体を広く一体的に使えるように検討されており、また各階とも執務用途に応じて多様なオフィスレイアウトが図られている。

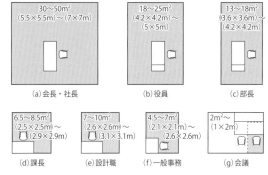

図4　一人当たりの所要面積

表1　デスクレイアウト

種類	対向式	並行式	スタッグ式	ランドスケープ式
概要	机を対面に配置する形式	机を同一方向に配置する形式	机とわき机を組み合わせ、交互に配置する形式	担当部署などによって机を自由に配置する形式
特徴	事務所の所要面積が最も小さく、密なコミュニケーションを必要とする事務に適する。	通路部分が多くなるため、対向式に比べて所要面積が20～30%増加する。対面する視線がないため、執務に集中しやすく、比較的プライバシーが要求される業務に適する。同向式ともいう。	対向式と並行式の特徴を併せもち、個人の空間がより明確になる。コミュニケーションとプライバシーの双方を必要とする業務に適する。	所要面積が22m²／人程度と大きくなるが、様々な配置の組合せが可能となる。執務形態の融通性やコミュニケーションおよびプライバシーなどが要求される業務に適する。

※1　オフィスの所用面積とデスクレイアウト

オフィスビル計画では、まず事務員・管理職等の職階別の人数から、各所用面積を積算し執務に必要な総面積や規模を算出する。わき机は主に内線電話機や文具・資料入れとして用いるが、業種によって不要であったり、デスク寸法に差があることに注意する。また昨今の情報ネットワーク化、ペーパーレス化なども考慮すると、必ずしも上記の通りでなくてもよい。

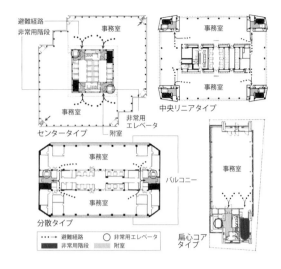

図5 オフィスビルの避難安全計画

オフィスビルのコアタイプとオフィスレイアウトを考える際は、災害発生時の避難安全性を考慮し、執務室のどの位置からも2方向以上の避難経路を確保できるよう計画する(基準法上の2方向避難の原則にもとづく)。また災害発生時にはエレベータが止まるため、バルコニーや附室のある特別避難階段(いずれも避難に特化した用途に供する)を通じ垂直避難経路を確保する。
また扁心コアタイプとするときは、同じゾーンにいる避難者に対して、避難距離に著しく差をつけないよう配慮する。

写真5 西側立面詳細

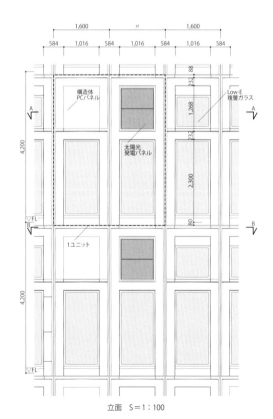

図7 ハイブリッド外装システム詳細図

を見ると、1人でもグループでも食事や会話が楽しめる群島型のレイアウトになっている。さらにローパーティションや観葉植物を配置するなどのオフィス・ランドスケープや群島型レイアウトを行うことで、プライバシーを適度に保ったり、組織変動や人員増減に対して自由に対応できる。

◆働く人の状態にあわせた空調システム

大空間のオフィスでは、全員に快適な空調環境を整えることは難しい。個人の健康状態や冷温感にはもともと差があるうえ、集中してデスクワークを行うときと、ミーティングで熱く議論しているときとでは体温そのものにも変化が生じる。この事例では、「タスク&アンビエント輻射空調システム」を用いてこの問題解決にあたっている。それは、各階天井の仕上げ材であるアルミパネル内に冷却水を導通し、人体側から発せられる熱を輻射吸収(アンビエント空調)しつつ、デスク下にあるパーソナル吹き出し空調(タスク空調)により、個人の快適さを考慮しつつ、空調コストとエネルギー消費の低減を図るものである。

外壁のプレキャスト外装材は、外部に対して垂直・水平ルーバーとして機能する。水平ルーバーとしては、日中の直射光を遮って室温上昇を抑える効果があり、執務空間がもっとも嫌う西日の差し込みを遮ることができる。本事例は西向きの土地に計画されたため、この方法は大変有用であった。

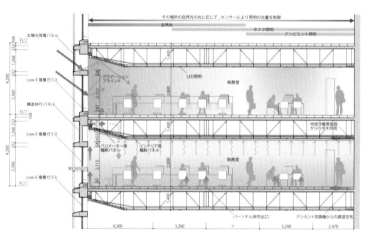

図6 快適な空調環境の計画(タスク&アンビエント輻射空調システム)

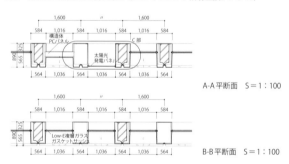

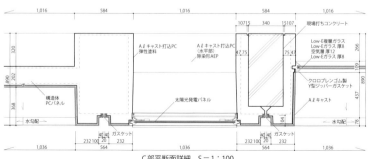

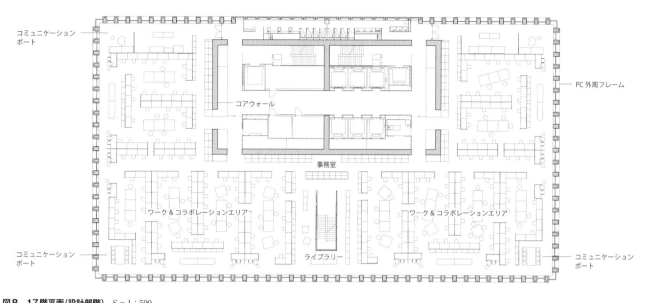

図8　17階平面（設計部階）　S＝1:500

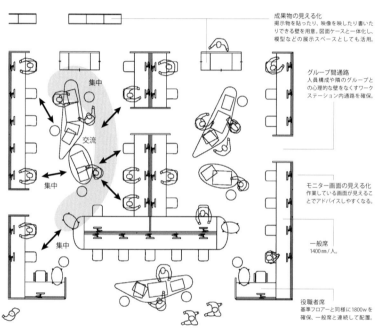

図9　ワークスペースの検討
集中と交流を生み出すレイアウト例。

写真6　ワークスペースのイメージスケッチ

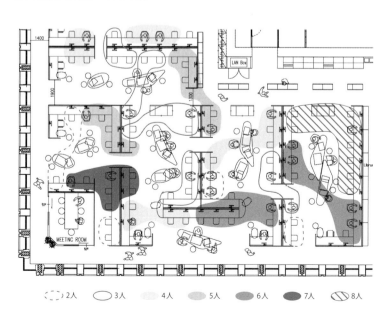

図10　ワークエリアの検討
ゆるやかにワークエリアを連続させることで大小さまざまなチームを編成可能に。

図11　基準階のレイアウト　S＝1:1000

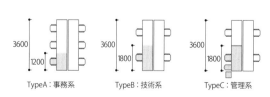

図12　机スペースの基準

建築概要　設計：清水建設／所在地：東京都中央区京橋／竣工年：2012年5月／主要用途：事務所／敷地面積：2728.11㎡／建築面積：2170.36㎡／延床面積：51,355.84㎡／容積率：1,230％（都市再生特別地区）／階数・構造：地下3階　地上22階　塔屋1階　RC一部鉄骨造　免震構造

●刺激しながら働く……乃村工藝社本社ビル／東京都港区／日建設計＋乃村工藝社＋大林組

スキップボイドでアイデアの創発を促すオフィス

どんな企業にも仕事の流儀や働き方に独自のスタイルがある。とくに企画やデザインを売り物とする知的生産の現場では、常にフレッシュで新しいアイデアを生むことが働く人に求められるが、なかなか容易なことではない。これに対し、「スキップボイド」によって人の流れや出会いをつくり、働く人の脳活動にある種の刺激を与え、アイデア創発のしかけとしている事例をここで紹介する。

写真1　西側より外観を見る

写真2　階段からスキップボイドのミーティングスペースを見下ろす

◆「であい」と「刺激」でアイデア創発を促す

　通常の高層オフィスの建築計画では、コアシステムに特徴づけられた平面をいかに有効に使うかに重きが置かれており、上下階とのつながりを意識的に高める必要はないと考えられていた。それに対して本事例では、外部カーテンウォールに接した階段空間によって人の流れと出会いを誘発し、形式的に独立した各フロアをつなぎ、ビル全体でスキップボイドのようなオープンな執務環境をつくり出している。本事例の企業体は企画・デザイン業務を主として行っており、営業・マーケティング・制作など、部門の垣根を超えた協調作業が多く、そのため社員はこの階段を使ってミーティングの場に集散する。その際、普段顔を合わせない社員同士がすれ違い挨拶を交わし、ときにはしばし立ち話に興じることもある。デスクを離れて職階を超えて、業務上の悩みや相談をすることもある。読者も設計案に詰まったとき、友人と話すことで「はっ」といいアイデアが浮かんだ経験はないだろうか。こうしたオープンな対人関係を生み出す空間は、脳のリフレッシュや新しいアイデアの創発につながると筆者は考える。

◆知識創造のプロセスを平面・断面計画にする

　知の創造を主眼においたナレッジマネジメント研究分野では、働く個人のもつ知識と組織の情報の相互作用において、理解や深まりを増幅させることでより高次の知識創造につながるとされている（このことを以下SECIプロセスと呼ぶ）。SECIプロセスを用いたオフィスレイアウトの事例は過去にも多く見られるが、根幹の建築計画からこれを実践したものは少なく、前述のように、職階や部局を超え、有機的に個が個とつながったり、ミーティングスペースでの職務内容を関係していない社員にも見せることで、結果的に全社での知識創造の効率を上げていると思われる。今までオフィス計画とは平面プランニングだといわれてきたが、上記のSECIプロセスに照らして本事例の断面図を見ると、スキップボイドの提案の本質が鮮明に理解できる。

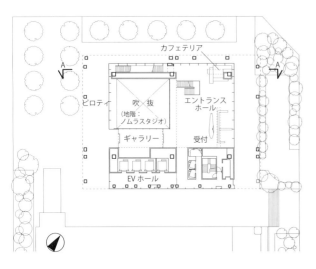

図1　配置・1階平面　S＝1：800

敷地は東京、台場の臨海副都心に位置している。周辺にはテレビ放送局をはじめ大型レジャー施設、臨海公園、タワー型集合住宅などが林立しており、都心のオフィス街と違った多様な価値をもった立地環境が広がっている。また夏の直射を遮るよう、分散コアのいくつかが南側に配置されている。

写真3　2層吹抜けのミーティングスペース

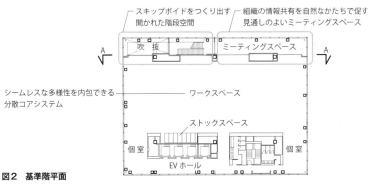

図2　基準階平面

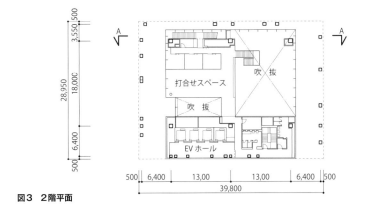

図3　2階平面

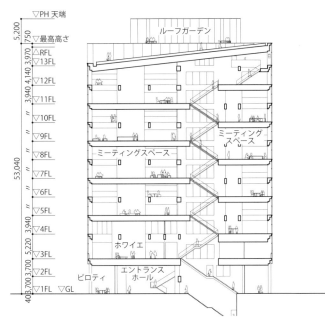

図4　スキップボイドA-A断面　S＝1：800

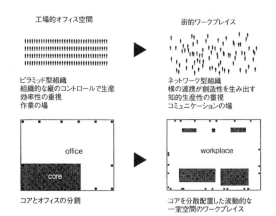

図5　分散コアと「街的」ワークプレイス

本事例のオフィス計画における「街的」ワークプレイスの概念図である。働く社員を組織的にコントロールするのではなく、組織がありつつも個と個を有機的に連携させるねらいを、分散コアシステムの採用により具現化している。

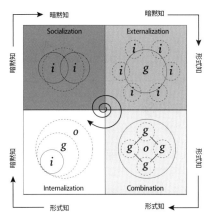

i:individual　g:group　o:organization

(出典：Nonaka, I. and N. Konno (1998). "The Concept of 'ba': Building a Foundation for Knowledge Creation," California Management Review, 40-3, pp.40-54, 1998)

図6　SECI 知的創造プロセスの概念

社会や企業体では個人・グループ・組織の順に組織化が図られるが、そのときの情報進化の過程で個人は組織全体からの適切な情報共有とフィードバックが得られる場合、個の知識の深化を図ることができ、形式化された情報から、暗黙のうちに理解を深めた解決策やアイデアを生み出す。

移動空間-スキップボイド-で脳を活性化する

図6に示したSECIプロセスを理解したうえで、本事例の階段空間、ミーティングスペース、ワークプレイスを見ると、その提案の本質が見えてくる。ミーティングスペースは階段途中からほぼ全体が見渡せるし、そのため組織の情報共有が自然と促される。またそうしたワークスタイルそのものが、社屋外観に人のアクティビティとして表出する。

写真4　ワークスタイルそのものが外観に表出する

建築的工夫によって進化するビジネスホテル

　働くことを支えるインフラの一つがビジネスホテルである。出張利用者中心のビジネスホテルの場合には、宿泊に特化しても問題はない。宿泊特化型のビジネスホテルの世界では、多くの同業他社が参入し、各事業主体とも生き残りをかけている。その結果、建設方法の合理化、運営効率や省力化にさまざまな工夫が生まれている。こういったサービスを宿泊に集中させ、設備や労務コストを抑えた低価格のホテルは、「バジェットホテル」と呼ばれている。これらのホテルは、同じ床面積から何部屋とれるかが勝負で、その計画はパズルの解き方に似ている。その中に、建築計画的なソリューションによって、ビジネスホテルを成立させる平面計画の技術がある。

　これらのホテルの立地は駅には近いが、メインの大通りから入った裏路地に多い。しかも、間口が十数mしかないような細長い敷地だったりし、従来であればなかなか新規ビジネスの開発需要が見込めないところである。しかし、逆にそのような悪条件の敷地であれば土地価格は安いという利点がある。

　セミダブルベッドを窓側に寄せて設置するのも特徴である（写真1）。ビジネスホテルは夜に寝に帰る場所で窓に近づく必要がないと割り切った結果である。そのことで、客室の奥行きが小さくでき、部屋の標準寸法を2700×4400mmとして、間口の狭い敷地に、多くの客室をとれるようにしている。

　また、従業員は全員女性であったりもする。そのため、夜間のセキュリティを高められるよう、1階のフロント、ロビーは、外から見られるように配置するとともに、大きく開放的な窓がとられている（写真2）。また、清掃をしやすくし、コストを押さえるためのインテリアや家具レイアウトの工夫がなされている。

写真1　セミダブルベッドを窓際に寄せる

写真2　1階のフロント、ロビーは明るく開放的に

地域で育つ
まちで育つ
オープンスクールの先へ
アクティブラーニング
学びの図書館

育つ・学ぶ

03

●地域で育つ……**あきたチャイルド園**／秋田県秋田市／サムコンセプトデザイン

異年齢で育つ寒冷地のオープンな保育園

人間の成長する割合は生まれてから小学校に入学するまでの6年間が一生のうちでもっとも大きい。この時期の子どもたちを育てる内部・外部環境の計画は、その後の成長に大きな影響を与える。本事例は、寒冷地の秋田市に立つ平屋建の保育園。壁で仕切られていない大きな室内空間や、中庭と屋上園庭がつながった広い外部空間のもと、185人の0歳から5歳までの子どもたちが、「自ら育つ力」を発揮させている。

写真1　南側から屋上を見る
平屋建の屋上庭園は、周辺環境と溶け合って見える。

図1　配置　S＝1：6000

◆未就学児童の段階でコミュニケーション力を学びとる

　幼児・児童をどうみるかで、建築の空間構成は大きく変わる。子どもたちが「自ら育つ力」をもつと考えた計画者・クライアントは、子どもの目線から保育空間を改めて見直した。

　敷地は秋田市の臨港部にある埋立地で、街区には大規模な倉庫等がある環境であり、寒冷地の冬の寒さ、そして強烈な海風を考えなければならない。

　計画者は、①活動しやすい「環境」の中での保育、②ひとり一人の「個」を活かす保育、③「食」を重視する保育、④「自然」の中での保育などの目標を立てた。

　そこで選択されたのが平屋タイプの「ひとつの保育室」であり、園庭を真ん中にもってきた「中庭型」のプランである。中庭型の利点は、室内と室外を一体化した使用が可能なこと、見守り等などのセキュリティ面での利点などが挙げられる。こうした計画的要素のなかに、未就学児童の自ら育つ力や、コミュニケーション力を学びとらせる建築デザインの「しかけ」がほどこされている。

写真2　中庭を見る

◆周辺に閉じ、内部に自然環境を取り込む

　ロの字型の園舎に囲まれた中庭は、荒々しい周辺環境に対してはクローズドな関係となり、屋上庭園は遠景の自然とつながり、自然環境をランドスケープとして取り込むことに成功し、屋外保育プログラムのコンセプトである「森の保育」を保育環境に再現している。

　室内環境では、異年齢混合保育に即した見通しの良いワンルームに、家具等でさまざまな「コーナー」をつくり込み、子どもたちの個性に見合った自分だけの「アジト」をいくつも用意し、個の育成をねらっている。一方、学齢が1年違うだけで、成長に大きな差があるのも乳幼児期の大きな特徴である。この園舎は、壁を設けないひとつの大きな部屋のようになっているが、0歳、1歳、2歳の幼児のゾーンは、3歳から5歳の園児のゾーンと比べ格子状可動パーティションによりさらに小さく、数多く分節されている。

　冬期を除き、中庭の野性的な自然環境と地続きで遊べるよう、庭の地面には秋田杉の歩行用ブロックが敷かれている。屋上と中庭は滑り台と2つの階段でつながれ、回遊性が生み出されている。ここで注目したいのは、園庭の大きさである。テラス部分を入れて縦約30m×横約15mの大きさとなっているが、たとえば読書ゾーンと遊ぶゾーンの間の距離は15mとなっている。これはそれぞれ独立した保育環境として適度な距離であり、中庭という外部でありながら内部として取り込まれた「自然の部屋」として有効に使われているのも、そのためであろう。

項目	幼稚園	保育所
関連法規	学校教育法，幼稚園設置基準	児童福祉法，児童福祉施設最低基準
対象年齢	幼児（3歳から就学まで）	乳児（1歳未満），幼児（1歳から就学まで）
保育時間	原則1日4時間	原則1日8時間

表1　幼稚園と保育所の違い

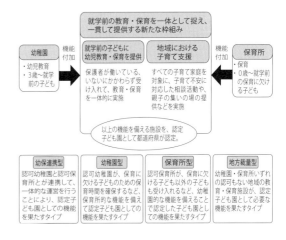

図2　認可こども園の概要（文部科学省・厚生労働省）

建築概要　設計：サムコンセプトデザイン／所在地：秋田県秋田市／竣工年：2011年3月／主要用途：認可保育所／敷地面積：1654.88㎡／建築面積：1107.71㎡／延床面積：1056.63㎡／階数・構造：地上1階鉄骨造（耐火建築物）／総園児数：定員150名＋園児弾力化受入（0〜5歳）

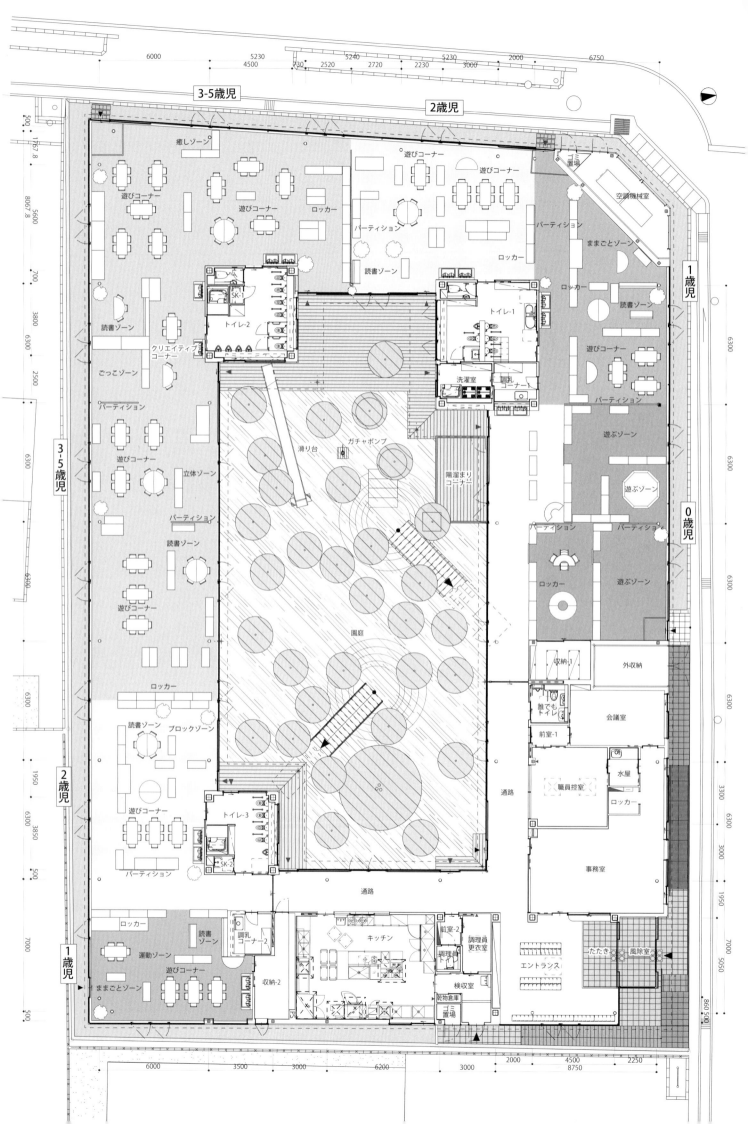

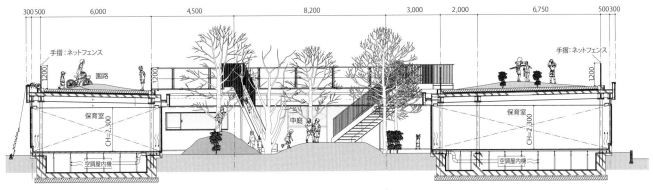

図4 断面 S＝1：200
外部環境に対してのセキュリティを保持しつつ、保育室と中庭が近接してつながり、また階段をへて屋上庭園へと立体的につながる屋外保育のプログラムが断面計画にあらわれている。

写真3 0歳から5歳までの園児が「ひとつの部屋」を共有する

写真4 さまざまな活動
階段は冬には特製滑り台（上）、ガラス壁は子どもたちのキャンパス（中）、園児も参加する屋上の草かり（下）。

◀**図3 平面** S＝1：200
大きな一体空間でありながら、幼児・児童の学齢ごとに特徴づけられた保育環境をかたちづくっている。学齢が上がるほど顕著にみられる個性の発現あるいは活動の多様化に応じるべく、3〜5歳児の保育ゾーンでは、パーティションによるコーナー分節がされている。

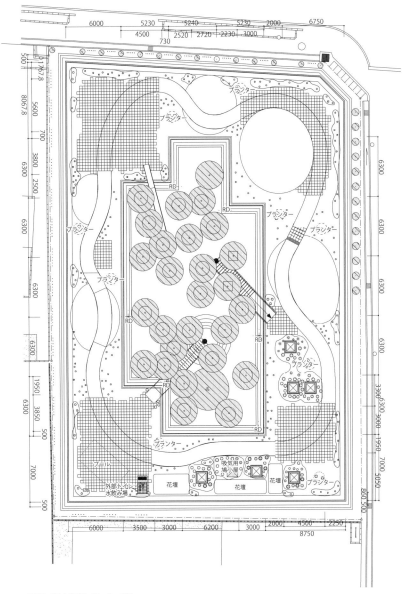

図5 屋上平面 S＝1：400

043

●まちで育つ……まちの保育園／東京都練馬区／宇賀亮介建築設計事務所

街育とセキュリティに配慮したカフェ併設の保育園

まちに建築を開いていくときには、セキュリティに配慮しなければならない。子どもの居場所の場合にはとくにそうである。本事例は、カフェを併設し、カフェと保育室の床を道路より約1m下げることで、街に向けてひらくことと、セキュリティを保つことの関係をバランスさせた事例である。設計者は、活動領域の目線の高さをずらし、「見通しのレイヤー」を重ねることで、視線をたくみにコントロールしている。

写真1　保育室を見る
左側に屋外階段を介してカフェがある。

写真2　園庭／園庭の高さはGLと合わせている。ベーカリーカフェと保育室が2重のレイヤーとなっている。

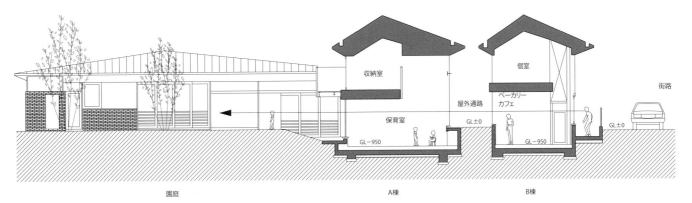

図2 断面 S=1:200
保育室とカフェの床面はGLより950mm下げている。そのため、外部からの直接的な視線は避けられる。

◆実践から変えていく子どもの教育

　東京の、典型的な戸建てを中心とした住宅地の中に立つこの保育園は、周囲の住宅スケールに寄り添ったボリュームと寄棟屋根により風景にとけ込んでいる。道路側から中を見渡せるガラス張りのカフェベーカリーが、まちと園舎の「中間領域」(つなぎの空間)となる。パブリック性の高い、街のさまざまな人の居場所としてテーブルと椅子が置かれている一方で、ここは、視線のレイヤーとして大きな役割を担う。奥行きは3.6mあるが、床はGLより約1m下げられている。さらに、屋外通路を介して配置された保育室の床も同様にGLより約1m下げられている。このため、道路側からはベーカリーカフェ、保育室を介して園庭へと視線は抜けてその先の木々は見えるものの、保育室の園児、什器などは見えなくなる。

　また1階床レベルを下げることで、ベーカリーカフェと保育室の最高高さが抑えられ、周囲への影響を抑える工夫になる。当初、子どもの安心・安全と、保育園を街に開くことをめぐりさまざまな検討がなされ、一時は園庭を道路側に配置する案もあったが、最終的には今のかたちに落ち着いたという。

◆街育と子どもたち

　子どもや保育関係者を支えるには、建築的要素に加えて人の存在や視線、気配等を含む環境づくりの視点が欠かせない。本事例では、「ベーカリーカフェ」というプログラムが一見して意外性をもつものの、街と保育園を結びつける有効な媒介としてはたらいている。

　幼稚園と保育園を一体化するという議論があるが、この両者を教育的な観点や、また子どもの視点から見直す必要があることはいうまでもない。保育園は、0～6歳までの年齢的にも幅が広く、かつ成長の度合いにかなりの差が生じる幼児・園児を対象とする。また保育園は、単なる子どもだけの施設ではなく、地域やまちの人をつないでいくはたらきが求められる。しかし一方では社会的には、安心・安全のため、保育園がまちに対して閉ざす傾向が見られるのが現状である。そこに計画的な工夫が必要とされている。本事例では、計画が構想された段階で、子育て世代とリタイア世代のコミュニティをつなぎ合わせることが検討され、その対象をまちに拡げて考えていることが、保育園のネーミングに現れている。

　園舎は出来るだけつくり込むことをやめ、可動家具やテーブル等で適宜、保育環境を変えていけるようにしている。カフェのほかに、園舎のエントランスにあるギャラリーのコーディネーションや、園庭の管理、子どもとの触れ合いなど、まちの大人たちとの交わりや関わるときの役割がもてる余地を空間的につくり出している。

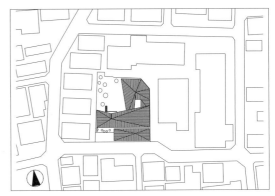

図1 配置 S=1:2000

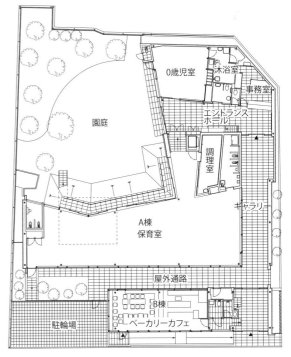

図3 平面 S=1:400

写真3 前面道路よりカフェを見る
ガラス張りの開放的な構成と大きな庇が特徴的。

建築概要 設計：宇賀亮介建築設計事務所／所在地：東京都練馬区／竣工年：2011年3月／主要用途：認証保育園／敷地面積：838.65㎡(A棟)、137.55㎡(B棟)／延床面積：394.12㎡(A棟)、108.40㎡(B棟)／建ぺい率：45.05%(A棟)58.47%(B棟)(許容60%)／階数・構造：地上2階鉄骨造　一部鉄筋コンクリート造／総園児数：40人(0～5歳)

● オープンスクールの先へ……宇土小学校／熊本県宇土市／小嶋一浩＋赤松佳珠子（CAt）

雑木林に教室群がすべり込む小学校

明治の近代教育制度の確立以来、日本人の多くの人に共有されていた教室のあり方に代わる鮮やかな提案がオープンスクールだった。本事例はその先にある、校舎の内と外が一体となった、より自然に近い学びの場のプロジェクトである。温暖な気候と、残された自然状況を精一杯取り込み、L字型の壁を計画・デザインの要点として、教室空間が内と外に伸縮する小学校となっている。

写真1　2階よりアリーナ（左）を見る

写真2　1階クラスルームを見る

写真3　屋上より庭部分を見る
右側にアリーナがある。

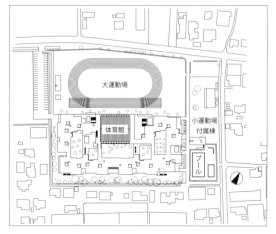

図1　配置　S＝1：4000

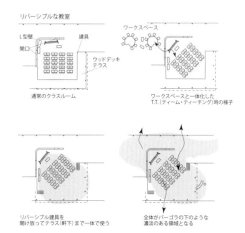

図2　教室のダイアグラム
教室の内外空間を利用して、スペースは可変的に対応する。

◆風の流れ

　オープンスクールとは、従来の固定的なクラス集団を柔軟にし、個人・グループなど、さまざまな学習集団の使い方を弾力的に受け止めるオープンスペースを教室に隣接させた校舎形式である。1960年代にアメリカで起こった学校変革運動の具体的な提案とされたが、日本では、コラムで取り上げた加藤学園(1972)が最初期の代表例とされる。小嶋一浩らのシーラカンスは、日本におけるオープンスクールの代表作である打瀬小学校(1995)、吉備高原小学校(1998)などを手掛けてきた。

　今回、設計者は、その発展形として、教室を積極的に外に、自然環境に向かって開き、「風の流れの中に、どのような場を置くか」という考察を計画にもちこんでいる。南国の気候条件で冬の暖房、夏の冷房が不要となり、空調設備面から建築計画が自由になる。そのため、建築を開放し外部空間を積極的に取り込むことが可能となった。集積回路のようなグリッドにのった計画から、設備的要素を出来るだけ取り除いた、外に開かれた場の組合せを目指したものである。

◆L字型の壁がつくり出すさまざまな場の構成

　内部の教室まわりは、領域を形づくるL型壁が空間構成の基本となり、この壁と児童の荷物を収納する棚や配管スペースを背負う中小のL壁、独立壁で形成され、天井いっぱいまで開く全面開閉可能な折れ戸により内部と外部の境界が曖昧になる。

　大きな中庭と多様性をもつ樹木群、2階全面に張ったウッドデッキテラスなどにより、できるだけゆるやかに子どもたちの環境がつくられ、内にも外にもL字壁や樹木などを手がかりに学びの場をかたちづくって

いる。また教室と教室の間のフリースペースと廊下は、一体的なワークスペースとして計画され、可動棚やビーンズテーブルにより、少人数学習やグループ学習の場として活用を意図されている。

これまでのオープンスクールでは、閉ざされた教室や一斉学習をどう解き放つのかがテーマであったが、本事例のように、クラスとしてのしかるべき「まとまり」の空間をもちながら、その先に自然環境と密につながったオープンエリアをもつ形式は、建築計画的に見ても斬新かつ夢のある学校建築のモデルになるといえる。

写真4　2階アッセンブリースペースを見る
1学年全員が集まれる広さを確保。

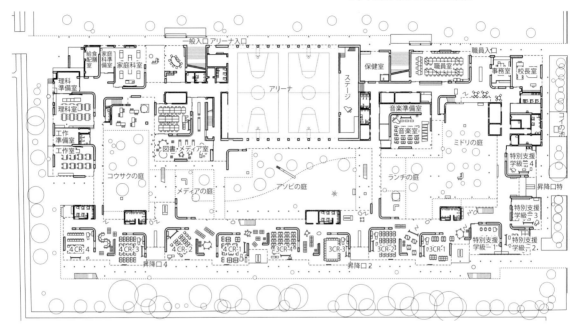

図3　1階平面　S=1:1000

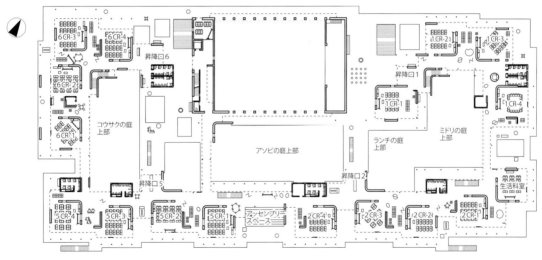

図4　2階平面　S=1:1000

オープン（プラン）スクールとは

1960〜70年代にアメリカの学校で体育館のような大きな空間を、家具や設え等で間仕切り、諸機能が一つの空間に連続的に配置された学校が始まりとなる。

日本では40年ほど前から、子ども一人一人の個性を育む教育理念から発し、画一的教育に疑問をもつ建築家や研究者、教育現場の先生たちにより試みられた。

クラスや教室というソフトやハード面で閉じた環境から、子どもたちの自主的な学びや活動を喚起できる場所性を学校プランの中に積極的に取り込んだ試みである。具体的には、従来の廊下と並列に並んだ教室群をグルーピングし、教室と廊下を仕切っていた壁を取り去り、幅の広い廊下を共用空間として活用しベンチやコーナーを配置し、教室と視覚的にも一体となるよう利用できる一体空間を試みた。

具体例としては加藤学園（静岡）や緒川小学校（愛知県）がある。その後、80年代には全国に普及したが「オープンな教室」という目に見える形だけが先行し、学校運営者や教育現場の先生たちに「理念」が継承されず、隣の教室がうるさい、気が散るなど、コンセンサスを経ないでつくられてしまう例もある。

現在では、個別的に教室を開いていくだけでなく、子どもたちの異年齢の交流の場を積極的にプランの中に取り込んで、視覚的にも賑わいを感じ取れる吹抜け空間の提案等「緩い領域感」の中で、子どもたちの自由な遊び方に委ねる提案事例も多く見られ始めている。

建築概要　設計：小嶋一浩＋赤松佳珠子（CAt）／所在地：熊本県宇土市高柳町104-1／竣工年：2011年7月（校舎）／主要用途：小学校／敷地面積：25650㎡／延床面積：8570㎡／建ぺい率：24.7%（許容40%）／容積率：34.1%（許容80%）／階数・構造：地上2階　主体構造　鉄筋コンクリート造　一部鉄骨造杭・基礎　既製コンクリート杭

●アクティブラーニング……KYOAI COMMONS（共愛学園前橋国際大学4号館）／群馬県前橋市／乾久美子建築設計事務所

隣り合う部屋と動線がつながる学びあいの場

21世紀、人口減少に伴う少子化が進むなか、国内の大学進学率も飽和状態となり、各大学は生き残り対策としてキャンパスの魅力づくりを重要課題とみなしている。小・中学校のオープンスクール化は推進されて久しいが、そこで育った学生たちにとり大学キャンパスでの居場所は重要な選択肢となり、オープンキャンパスでの学園風景は場所性の吟味へと移りつつある。各大学では「居場所づくり」が、さまざまに試みられている。

写真1　北側外観
学ぶ場所と憩い集う場所が一体となっている。

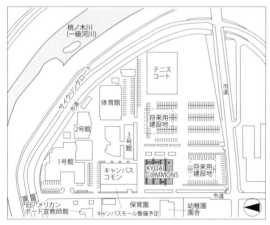

図1　配置　S＝1：5000

※1　アクティブラーニング
アクティブラーニングとは、教員による一方向的な講義形式の教育とは異なり、学修者の能動的な学修への参加を取り入れた教授・学習法の総称。学修者が能動的に学修することによって、認知的、倫理的、社会的能力、教養、知識、経験を含めた汎用的能力の育成を図る。発見学習、問題解決学習、体験学習、調査学習等が含まれるが、教室内でのグループ・ディスカッション、ディベート、グループ・ワーク等も有効なアクティブ・ラーニングの方法である（文部科学省による答申・定義）。

◆場づくりからアクティブラーニングへ

昔、日本では入会地という「地域の共有の場」があった。集落に近接する山は、地域の人たちが薪を集めたり、狩猟をしたり、椎茸や山草を栽培したりと、地域の人たちのルールで管理されていた。ここでいう「COMMONS」にはこうしたニュアンスが込められている。

ここは、キャンパスの誰もが自由に利用し、居ることができる「コミュニティの場」。いま全国の大学で進められているキャンパス計画の一例で、大教室で「教える／教えられる」の一斉授業で得られない、さまざまな刺激を相互に与えながら学ぶ「アクティブラーニング」[※1]の場ともなる。このアクティブ・ラーニングは、文部科学省の平成26年度「大学教育再生加速プログラム」公募要領の改革の方向の一番目の項目に掲げられるなど、大学教育改革の切り札として、期待度がかなり高くなっている。

◆片廊下という形式から空間の豊かさを意図

本計画はキャンパス計画のコアとなるコミュニティの場として位置づけられ、教室や学生食堂など複数のプログラムが重なる学生の居場所である。

設計者は片廊下という形式を集合させエリアを「学び」「集い・憩い」に分け、ストライプ状に組み合わせることで、多重的なかかわりが生まれる全体像を構築している。隣り合ったゾーンは、使い方によりつながり方が多様になるよう、隣接する各棟の壁柱が空間を規定しつつも、廊下を挟んで向かい合う部屋同士が連結的に利用できる構成となって

いる。

　片廊下はスリットと呼ばれ、出会いと空間演出の場となり、光や空気を導き、さまざまな異なる場をつなぐとともに仕切る。「片廊下」という形式を評価しつつ、それを再構成することで単純から複雑へと化学反応させ、形式がはらむ雰囲気や空間の質、記憶を同一空間の中に取り込み、まるで都市空間のような質の高い建築となっている。

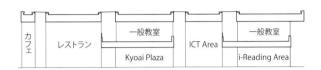

図2　南北断面　S＝1：500

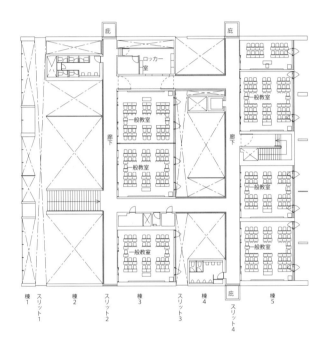

図3　2階平面　S＝1：500

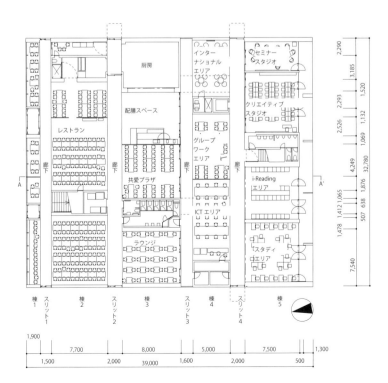

図4　1階平面　S＝1：500

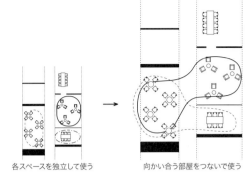

図5　ゾーンのつながり方

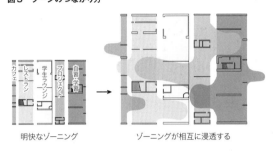

図6　ゾーニングの相互浸透

写真2　2階スリット2よりレストラン方向を見る

写真3　スリット1は2層吹抜けでトップライトが付く

写真4　スリット1の西端より見る
レストラン部分は2層吹抜けトップライトとなっている。

建築概要　設計：乾久美子建築設計事務所／所在地：群馬県前橋市小屋原1154-4／竣工年：2012年3月／主要用途：大学／敷地面積：39679.53㎡／建築面積：1289.62㎡／延床面積：1954.83㎡／建ぺい率：18.21%（許容70%）／容積率：34.25%（許容200%）／階数・構造：地上2階　鉄筋コンクリート造（壁配筋型ラーメン）

● 学びの図書館……武蔵野プレイス／東京都武蔵野市／kw＋hgアーキテクツ

4つの機能が入り混じった市民の交流拠点

　従来の図書館機能に、市民が必要とするさまざまなプログラムを複合させることが多い。それは、財政面からの建設・維持管理コスト削減にとどまらず、むしろ積極的に市民の活用を図ることを目標とするものである。本事例は、図書館を核に、生涯学習、市民活動、青少年活動の4つの要素を複合させた市民の交流拠点の計画である。

写真1　境南ふれあい広場公園より見る
公園内に置かれた椅子は図書館の中にも置かれている。デザインは設計者によるもの。

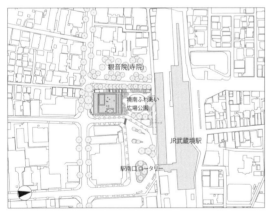

図1　配置　S＝1：6000
駅より至近の、市民の交流の場として絶好の立地を得ている。

写真2　1階のマガジンラウンジより吹抜けを介して外を見る

◆なにがパブリックか

　地方自治体の手による「公共図書館」が、パブリックスペースであることに疑問はないものの、佐賀県の武雄市図書館では、民間の書店を一体化させたプロジェクトが話題を呼んでおり、「パブリック」のあり方に注目と論議が寄せられている。財政に余裕のない地方自治体が、経済効率を重視する流れは強まりつつあるのが実情で、そのような状況下では、図書館単独の計画立案はほぼ困難であるといえる。

　本事例は、東京・武蔵野市JR中央線沿線の中核都市に立地し、図書館をコアに、生涯学習、市民活動、青少年活動の場として計画されたものである。本プロジェクトを地方自治体による新たな「パブリック」の再構築とその模索として位置づけることができるであろう。

◆混じりあい、交じりあう機能

　武蔵野プレイスは、図書館、生涯学習、市民活動、青少年活動の機能を分解し、あえて入り混じったものとして配置することで、さまざまな人々が集まりやすい場をつくろうとする試みである。半ば囲われ、半ば開かれた、人々を包み込むような空間が反復し、それらが大小いくつも鏡像のように連なり、すべてのフロアがある種の機関のようにひとつながりの場となることにより、館内全域が常に心地よい共振のようなものに満たされ、本や情報から派生した多様な活動や知識の創発の場となることが期待されている。

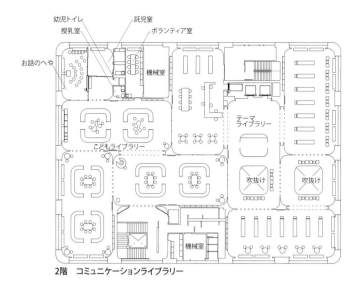

2階 コミュニケーションライブラリー

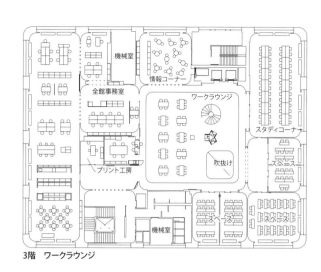

3階 ワークラウンジ

配置・1階　公園・アプローチ・カフェ・マガジンラウンジなど

地下2階　ティーンズスタジオ

地下1階　メインライブラリー

図2　各階平面　S＝1:600

建築概要　設計：kw+hgアーキテクツ／所在地：東京都武蔵野市境南町2-3-18／竣工年：2011年1月／主要用途：図書館　青少年・市民活動・生涯学習支援施設　カフェ／敷地面積：2166.2㎡／延床面積：9809.76㎡／建ぺい率：72.55(許容100%)／階数・構造：地下3階　地上4階　地上鉄骨鉄筋コンクリート造　地下鉄筋コンクリート造

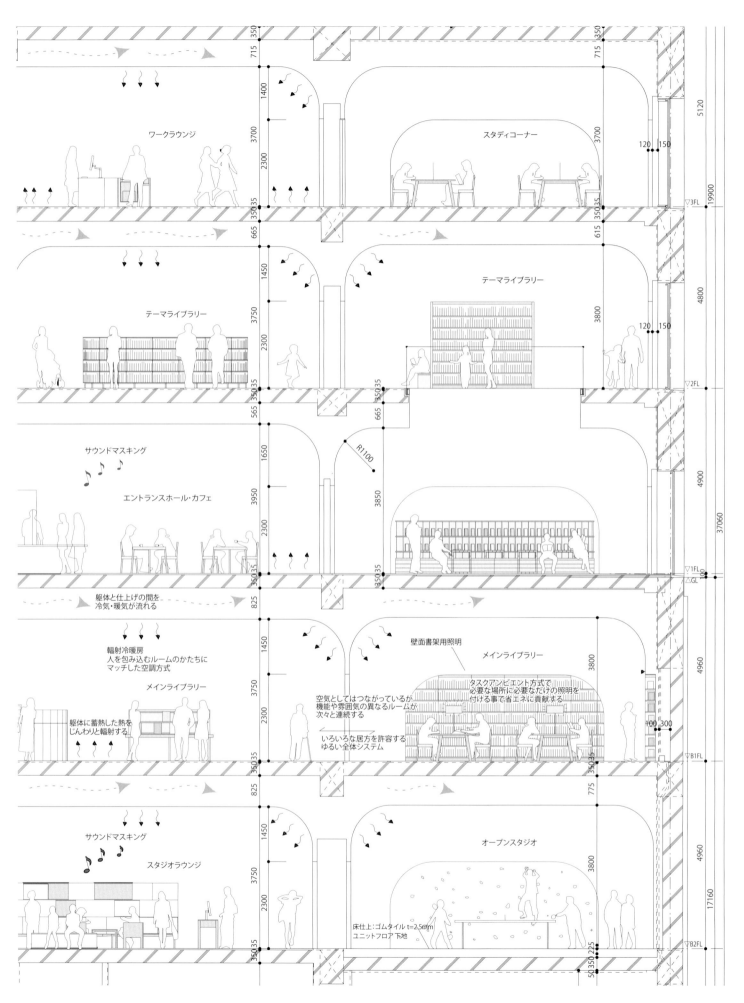

図3　断面詳細　S = 1：100

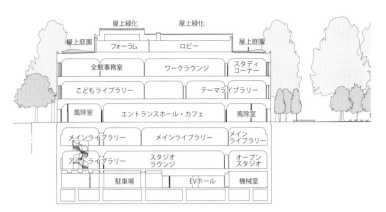

図4　1階平面　S＝1：800

　武蔵野プレイスの北側に接続する境南ふれあい広場公園は、施設の建設と一体に計画され、従前の保存樹木に囲われ豊かな緑陰空間を生み出している。公園利用者はそのまま館内と連続した、ゆったりとした時間を享受している。と同時に、本事例から派生した多様な活動を鋭敏に受けとめる交流の広場にもなるであろう。

◆**身体的な居心地のよさ**

　設計者は、全体を通して、「心地よい人の集まり方」にこだわった。敷地は、既存樹木を活用し、誰もが行きたくなる公園的ランドスケープに立ち、ヒューマンなスケールを確保するため平面計画ではコンパクトなフットプリントにし、公園に対してもできるだけ圧迫感のない構成としている。多層階の半分を地下に埋め、半ば囲われ、半ば開かれた人を包み込むような空間が、地上から地下まで縦横に反復し、多層構成の内部に大きな吹抜け空間を設け、そこに柔らかな外光を導くべくさまざまな検討を行っている。

　ベアリングウォール構造とは、こうした効果を最大限活かす構造であり、建物の耐力壁を外周壁にすべて負担させ、内部は軸力だけを受ける細い柱や吹抜け空間を自由に配置できる構造法である。このため武蔵野プレイスの外観は、力強さのある壁に、特徴的な間口・密形状のあるデザイン・アイデンティティをもつことになり、奇を衒わないシンプルな存在感を呈している。

　内部空間は、特徴的かつ有機的な開口が繰り返される箱として、箱の向こうに箱があり、吹抜けを介して上や下の箱が見えることで、各部分では人を包む居心地のよい場として働き、全体として多くの居場所と奥行きを生み出している。

「ルーム」について
柱まわりやスラブ・梁まわりの角（かど）の取れた小部屋の連続。これらは「ルーム」と呼ばれ、エッジのない柔らかい衣服のように室内の活動を包む。
またこのルームの仕上げ境界面と躯体との間の空隙に温冷風を導通することで、輻射冷暖房設備にもなっている。角の取れた天井・壁面は、人工照明のひかりを拡散反射させ、手暗がりをつくりにくくなっている。照度を確保するというこれまでの考え方から、本を読むのに相応しいアンビエント照明の装置としても機能している。また小分けになった空間では、音響的にも独立化が図られる。

写真3　2階の吹抜けより1階のマガジンラウンジ、地下1階のメインライブラリーを見る

写真4　地下1階の吹抜けより2階の吹抜けを見る

写真5　1階のマガジンラウンジより外と吹抜けを望む

写真6　地下1階のメインライブラリー

未来の子どもたちの環境

　自分と同じ年に生まれた人が何人いるかわかるだろうか。現在の大学生では、その数は120万人前後で、かつてはこの倍以上の人数がいた。

　戦後の1947〜1949年に生まれたベビーブーマーたち（いわゆる団塊の世代）は、毎年約270万人、その子どもたちにあたる第二次ベビーブーマーたち（いわゆる団塊ジュニア世代）は、1971〜1974年に生まれた世代だが、その数は毎年約200万人である。

　そして、2000年前後には、団塊ジュニア世代の子どもたちが生まれる「第三次ベビーブーム」があるはずであった。ところが現実にはそのようなブームは起こらず、逆に2000〜2005年まで出生数が減少する事態となった。日本はバブル崩壊以降「失われた20年」といわれ、結婚しなかったり、結婚しても子どもを産まない傾向にあり、住環境の問題、経済状況の悪化、社会の変化も加わり、その傾向は現在も続いている。

　少子化によって、子育て施設や教育施設への影響も大きい。それらの民間の施設は生き残りをかけて、特色のある教育や、施設づくりに舵を切っている。建築は、教育方針やアカデミックプランを支えるものであるので、それらに対応する新しい建築装置や空間計画を考えていく必要がある。また、子どもが減少し、役割を終え、閉校する学校もでてきている。廃校利用では、活用プログラムが建築側で考えられ、革新的なアイデアが生まれている事例もある。

　このような少子化に対応する中で、政府は、2014年に、1人の女性が生涯に産む子どもの数の推計を示す合計特殊出生率を2013年の1.43から、2030年に1.8に引き上げる目標を掲げた。1.8の数字は、結婚を望む人がみな結婚し、理想の数の子どもを出産できた場合の「希望出生率」と位置づけられている。人口が維持される訳ではないが、建築は、未来の子どもたちのために、よりよい子育て環境をつくり出すしかない。

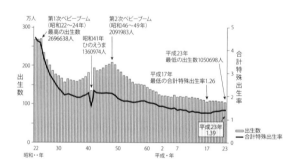

図1　母の年齢（5歳階級）別にみた出生数の年次推移（厚生労働省）

都市型ホテル
風景をつくる
地域の医療拠点
都市の医療拠点
高齢者の居場所

いやす・治す

● 都市に滞在する……渋谷グランベルホテル／東京都渋谷／UDS

場所性を読み込みゼロからプログラミング

若者が集う街中でのホテルには何が求められるか、一度、ホテルというビルディングタイプを解体し、ゼロからホテルのあり方を考えてみたい。場と敷地条件を読み、渋谷に集まる多彩な人たちのニーズに応える新しい建築空間の提案がある。ホテルに課せられた法規制との戦いの中で、12㎡というミニマルな客室から、50㎡を超えるロフトタイプの客室まで選択肢も多い。

写真1　西側外観　エントランス方向を見る

写真2　地階EVホールよりフロントを見る

図1　配置
渋谷駅からの至近という立地ながら、喧噪の中心から少し奥まった場所にある。

◆ゼロからホテルを考える

このホテルは渋谷駅から徒歩3分と至近にあり、喧噪のある駅前広場から少し奥まった敷地に位置する。渋谷駅至近という場所性を読み込んだホテル企画が立てられた。既存ホテルの枠組みを疑い、若者が多い渋谷の中で、ホテルのあり方、新しいスタイルを模索するという、ゼロからの建築のプログラミングであった。企画コンセプトは「ホテルの既存の枠組みや常識の踏襲と脱線の境界線を操作しながら商品企画・設計・デザインをすることで、既成概念を超えたスタイルのあるホテル」を目指すものである。

「渋谷」という街が選ばれた先にあるべきものは何か。若い感性をもつ世代とそうでない世代、ビジネスとプライベートの使い分け、価格の安い高いに関係なく、多様な大きさの客室、多様なスタイルやデザインで構成することで、あらゆる目的での利用に応えられる満足感を提供することが考えられた。

そこで生み出されたコンセプトは30歳代を軸としたもので、本館では、「ミニマル」「ポップ」「アーチスティック」が、アネックス棟ではさらに「ロフト」がプラスされた。デザインコンセプトとしては、本館はアクティブ（元気な緊張感ある空間）、アネックス棟はオフモード（くつろぐ柔らかな空間）と異なるもので、選択の幅を増やしている。

◆敷地条件から配置・平面計画を決める

敷地は2つの狭い道路に挟まれ、全長が約65mと細長く、高低差がある。この敷地条件の中で、本館とアネックス棟の2棟の配置、平面、

断面計画が考えられた。南側には背の高い既存の建物が隣接して立っており、北側には眺望が開けていたため、客室の多くは北向きで、渋谷駅方向を望めるように配置されている。

本館は、地上13階、地下2階、アネックス棟は地上9階で、本館とアネックスの2棟は1階～8階まで通路で連結されている。客室は、本館が3階～13階、アネックス棟が3階～8階にあり、上層階は、本館、アネックスともスイートルームになっている。フロントは本館1階にあり、ホテル内には、3か所のレストランとバーがある。

◆ **スタイルに合わせて建築的な工夫のある客室**

ホテル内でもっとも多くの割合を占めるシングルルームは12㎡と小規模であるが、空間を有効利用する工夫がなされている。バスタブを置かず、シャワー、洗面、トイレを窓側に配置しガラスで仕切るという方法により空間的なミニマムを感じさせない。椅子の脚がベッドに収まる家具をオリジナルで製作する工夫もされている。

アネックス棟の最上階に位置する客室は8、9階のメゾネット形式のロフトスイートタイプである。大きな吹抜けと斜めサッシの構成で、アパートメント的で都会的なロフトの雰囲気となっている。国内外のエグゼクティブビジネスマンの長期滞在感覚をイメージし、L型の広いバスルームや書斎＆ベッドルーム、上階にはミーティングラウンジがあり、仕事とプライベートを使い分けられる構成である。

図5　12㎡シングル平面
上（タイプA）は窓側に水回りを、下（タイプB）は通常タイプ。

写真3　12㎡シングル平面（タイプA）
窓側の水回りがガラスで仕切られ、奥行きに広がりを感じる。

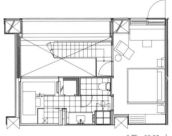

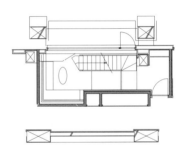

図6　アネックス棟ロフトスイート
8、9階のメゾネットで、8階がベッドルームと水回りを配置。9階にミーティングラウンジ。

8階　33.52㎡

9階　19.13㎡

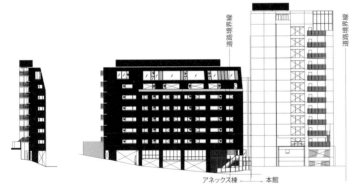

図2　東立面・北立面　S=1:1000
上2層はロフトタイプがある。

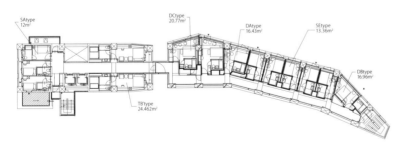

図3　5、6階平面　S=1:600
12～24㎡クラスの客室がある。

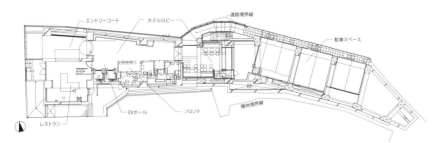

図4　地階平面　S=1:600
本館にフロント、ロビー、レストラン、アネックス棟に駐車スペースが設けられている。

写真4　ロフトスイート
上階はミーティングラウンジ。

建築概要　設計：UDS／所在地：東京都渋谷区桜丘町15-17／敷地面積：710.08㎡／延床面積：3,673.49㎡／階数：地下2階、地上13階／構造：鉄筋コンクリート造／竣工年：2008年／客室数：105室

●自然に滞在する……星のや　軽井沢／長野県軽井沢町／設計：東環境・建築研究所、ランドスケープ：オンサイト計画設計事務所

集落の風景づくりとしてのリゾート計画

都会の喧騒から離れて自然の中に身を置くことが、「リゾート」という言葉からまず連想されることだろう。こうした計画では、建築単体を群としてとらえ返し、さらに敷地との関係で検討することが不可欠である。本事例は、「風景をつくる」という視点から、建築家とランドスケープデザイナーが協働した計画である。

写真1　右側に「水波の部屋」、左側に「庭路地の部屋」を望む

写真2　棚田を見る、右側に「集いの館」

リゾート計画における建築計画

「リゾートは水のある場所につくるべし」というのは、リゾート開発事業における定石のようなものであるが、自然環境や場所のメリットをいかに建築計画に持ち込むかが問われる。利用者の快適性のみを追求すれば、都市型の高層建築になりがちであるが、本事例のように宿泊棟をいくつかのクラスタ（かたまり）として連接させて、周辺の自然やランドスケープなどと共生する提案が求められている。今や自然環境は「いやし」や「もてなし」の重要な建築計画の要素になっているのである。

◆谷の集落と風景づくり

このプロジェクトが計画された土地は、避暑・観光で賑わう軽井沢から鬼押出しへと通じる山道の喧噪を避けた、山々を背にした谷戸の中である。建築家とランドスケープデザイナーのコラボレーションにより、この土地にもともとあった樹木や川の流れを活かす案が最初に提案された。まるで山水画を描くように、もとあった自然を壊すことなく、野性味あふれる適切な修景を施しつつ、随所に人工的な植栽や緑の要素を挿入し、川の流れや既存樹木と共存させるなど、淀みのある自然な風景をデザインとしてまとめている。

建築家はこうした意図的に用意されたキャンバスの中で、訪れる人々のためにさまざまな空間を構築している。用意された自然環境の中で人々が安らぎや自然を堪能することができる多様な「場所性」の設定である。客室は滞在型住居スタイルを、地形ごとに3つの集落として構成するよう配置されている。湯川を引込んだ修景池を挟んで、水波の集落、庭路地の集落とスパ棟、道を挟んで山路地の集落が段丘状に構成・配置されているため、大きい風景（谷の風景）から小さい風景（坪庭の風景）まで、滞在を通じて滲みだす風景が連続し、修景池を流れる水の流れが水辺の風景をつなぎ、周囲の山々と一体となった自然景観が

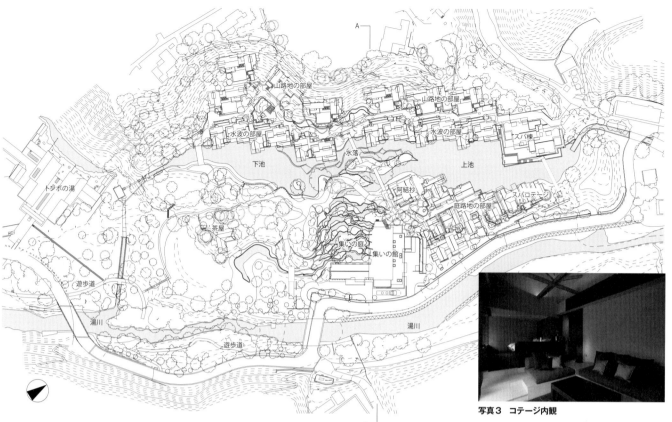

図1 配置　S＝1：2500

図2　「集いの庭」を通る敷地の断面(A-A')　S＝1：2500
古来の建築様式の中に「借景」というものがあるが、この事例では周囲の山々、樹木、既存の小川をランドスケープとして拝借している。宿泊棟から見える眺めを考慮すると、平地にあるより本事例のような谷地に立地していたほうが景色は「借りやすい」。谷地の高低差により、遠景、中景、近景が幾重にも重なるため、趣深い眺望を獲得している。

ここにかたちづくられている。

　本事例のように自然環境と共生したリゾート施設に滞在することとは、日常生活のうちの些事を取り除いたいわば「自然の中の生活」を送ることである。客室は「寝る」だけの部屋ではなく「滞在する空間」であり、居心地の良さや時間を過ごす楽しさに、自然の変化を取り込むことができる。これは、現代人が失いつつある、価値ある安らぎではないだろうか。

◆自然エネルギーの利用と在来固有樹種の保存

　この土地の開発者は、以前から自然エネルギーを活かしたパッシブな環境づくりを大切にしていた。川の流れを利用した水力発電は100年あまりの歴史をもち、地熱エネルギーの利用と合わせ自然との共生を維持している。

　そのため本事例の配置計画では、既存の樹木を動かすことなく、また、在来固有樹種を保存すべく、細心の注意をもって対処している。集落的に群配置された客室や大浴室では、日本古来の「風楼」により夏の自然通風の確保と湿度の調和が保たれている。もともとの自然環境の価値を評価し、ランドスケープと一体に設計することにより、優れた自然風景を醸し出しているのである。

写真3　コテージ内観

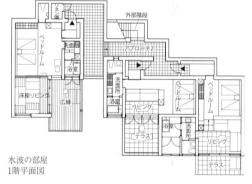

水波の部屋
1階平面図

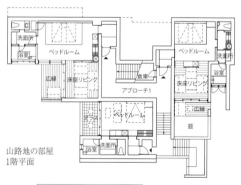

山路地の部屋
1階平面

庭路地の部屋107　1階平面

庭路地の部屋106　1階平面　　2階平面

図3　コテージ平面　S＝1：400

建築概要　設計：東環境・建築研究所／ランドスケープ：オンサイト建築設計事務所／所在地：長野県軽井沢町／竣工年：2005年6月／主要用途：ホテル／敷地面積：42055.10㎡／延床面積：8507.92㎡／建ぺい率：14.99％（許容60％）／階数・構造：地下1階　地上2階　鉄筋コンクリート造（一部鉄骨鉄筋コンクリート造）鉄骨造　木造

● 地域の医療拠点……西能クリニック+西能病院／富山県富山市／ヘルム+オンデザイン+鹿島建設

クリニックと病院の機能を分けた医療施設

地域の医療環境が今、大きく変わろうとしている。中核病院や民間の総合病院などでは、訪れる患者数の増加と専門診療科目の多様化による医療スタッフの不足から、医療サービスの低下に苦慮している。ここで紹介する事例は、地方都市の民間病院の郊外移転に際し、診療科目を整形外科に特化し、外来部門と入院部門を分離・独立させてサービスの向上を図った例である。

写真1　南側外観
左がクリニック棟、右が病院棟。

図1
東側には幹線道路とシンプルに連接した病院棟、西側には住宅地のスケールに調和した低層クリニック棟が、それぞれ配置されている。

表1　病院の各部門の面積割合

部門（面積割合）	概　要
病　棟（35～40%）	入院患者に対して診療や看護を行なう場である。同時に、患者にとっては生活の場ともなる。病院の中心的な部門である
外来部門（10～15%）	通院患者への診療が行なわれる部門である。リハビリテーションやガンの化学療法などの通院治療や日帰り手術の出現などにより、外来部門の重要性が増してきている
診療部門（15～20%）	検査部・放射線部・手術部など、医師の診療行為を支援する部門である。病院管理の考え方から中央化が進められてきた病院全体の管理・運営を行なう
供給部門（15～20%）	検査部・放射線部・手術部など、医師の診療行為を支援する部門である。病院管理の考え方から中央化が進められてきた
管理部門（10～15%）	病院全体の管理・運営を行なう部門である。各部門間の調整や福利厚生などもつかさどる

◆総合病院ではなく地域の専門医療機関へ

地域医療のなかで、とくに高齢者が多く通うのが整形外科であり、なかでもそれに付属するリハビリテーション部門への利用比重はとても高い。本事例は、既存の病院を新たな敷地に移転し、新築する機に際し、整形外科の専門性に特化した地域の新しい医療モデルとなるべく計画された。外来部門であるクリニックと病院は、それぞれ独立した2棟に機能分離（外来分離）され、同一計画地内において植栽のある中庭空間を挟んで隣接されている。

◆リハビリテーションの位置づけ

クリニック、病院ともにそれぞれリハビリスペースがあり、どちらも別個に重要な役割を担う。クリニックでは、病院からの退院患者の多くがその後通院しリハビリに取り組み、また病院では早期退院のために入院患者に対しリハビリを行う。この事例では、クリニック、病院のリハビリスペースが向かい合い、患者やスタッフが相互に「見る／見られる」の関係をもつよう、適度な距離をもって配置されており、意識的にも機能的にも、相互に補完し合う新たな計画手法の一環ともいえる。

また、この2つを挟む中庭空間は、室内リハビリ空間とも近いため、気軽に屋外リハビリに取り組むことができるという利点も併せもつ。リハビリ施術を含む地域医療は、比較的長期にわたる医療サービスであるため、そのもっとも重要な機能空間を中心に据え、患者や利用者へのホスピタリティ・インターフェースとした本事例は、地域医療拠点と

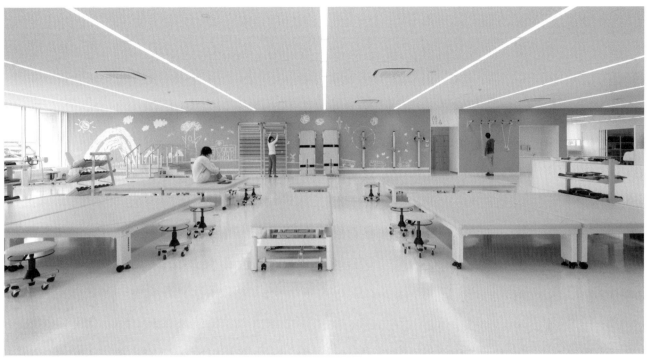

写真2　クリニック2階のリハビリ室内観

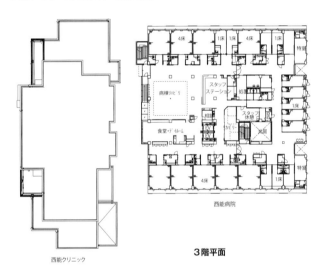

3階平面

4階平面

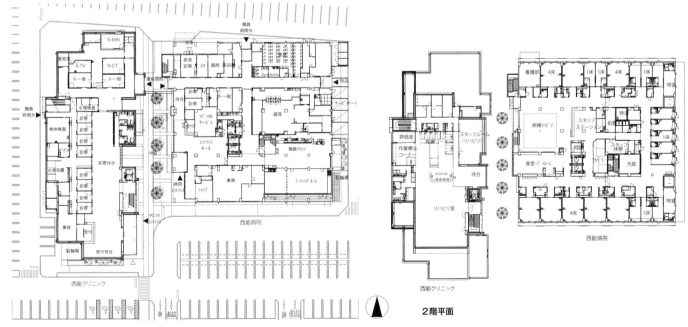

1階平面　　　　2階平面

図2　各階平面　S＝1：1000

建築概要　【西能クリニック】設計：ヘルム＋オンデザイン＋鹿島建設／所在地：富山県富山市／竣工年：2012年2月／主用途：診療所／敷地面積：4182.31㎡／建築面積：1375.25㎡／面積：2190.440㎡／建ぺい率：33.69%（許容60%）／階数・構造：鉄骨造　地上2階

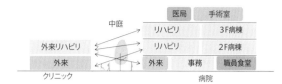

図3 クリニックと病院の断面計画
入院患者にとり早期退院を促し社会との関係性を隔絶しないプラン構成を考える。外来クリニック棟の2階には見通しの良いワンルームに外来専用のリハビリスペースを配置し、入院病棟の2、3階には入院患者用のリハビリスペースを配置し、中庭を挟みお互いの様子が見てとれる構成とした。リハに励む患者だけでなくOT、PTのスタッフにも「見る見られる」の関係性が生じ、連帯感が得られることが期待される。

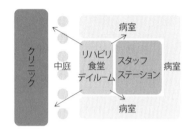

図4 病院におけるリハビリステーションの配置計画

して新しい計画モデルであるといえる。

◆トータルデザインの重要性

　本事例の計画・設計にあたっては、患者と医療スタッフの双方によりよい医療環境を提供すべく、サイン計画、照明計画、ランドスケープのそれぞれの専門デザイナーを起用することで、身の回りのデザイン性の向上が図られている。従来の建築計画では、患者やスタッフの動線や空間要素の機能担保が主として扱われてきたが、広い病院のなかで行き先がわからない、迷ってしまうなどの利用・運営上の問題は、適切な統一デザインコードをもったサイン計画が必要であるし、また診療室と待合室とでは求められる照度や照明計画に差があるはずである。不特定多数の人が利用する医療施設ではとくに、こうした複合的な諸問題に対し、ハードとしての建築空間と、利用・運営上のソフト的な課題をそれぞれ切り分けで考えるのではなく、両者を総合的に扱ったトータルデザインが求められている。

　また、昨今の医療現場における検査技術の向上や医療設備の大型化・多様化を背景に、今までの均等スパンによる建築空間づくりでは現場対応が困難になりつつある。また従来型の医療サービスに加え、少子高齢化を背景とした患者ニーズの変化や医療スタッフの確保なども医療施設計画のなかでは重要な課題になる。本事例での移転・改築も、そうした時代の流れをうまく汲み入れ、最適な計画の回答となっている。

　今までのような地域での掛り付け医院のような便利さと、高度医療機関に匹敵する検査・診断のサービスを24時間・年中無休で求められるなかで、地域の医療機関はサービスの向上と「医療の質」の確保が必要となり、建築計画のコンセプトも大きく変わりつつあるといえる。

写真3 クリニックと病院をつなぐ中庭
地域の医療拠点のホスピタリティ・インターフェースともなる2棟のリハビリ空間をつなぐ中庭。樹木が配される植え枡は、ベンチ代わりにもなり、患者やスタッフの憩いの場であるとともに、屋外での歩行リハビリにも気軽に活用される。

写真4 クリニック側から病院を見る

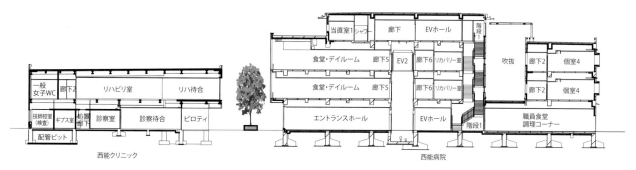

図5 断面 S=1:500

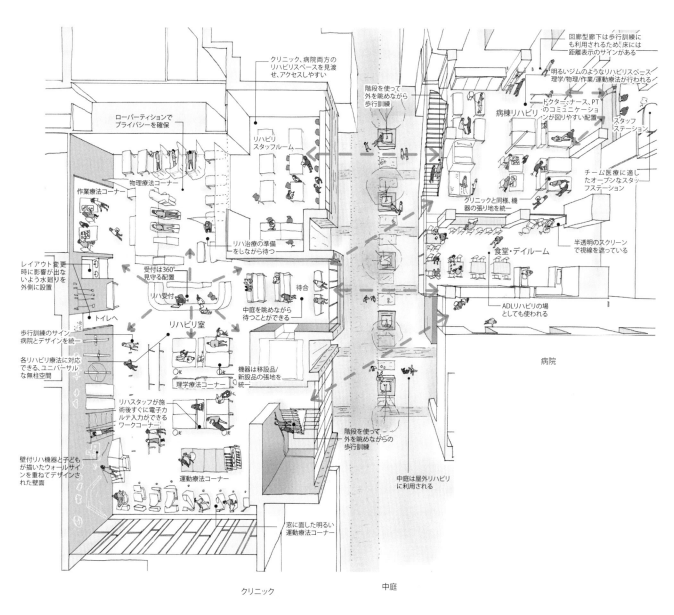

図6 2階平面パース

整形外科について

整形外科は診療、治療（手術）、リハビリの連携で成り立つ。とくに、OT（作業療法士、言語障害リハビリスタッフ）、PT（理学療法士、運動機能リハビリスタッフ）の是非が良否を決めるともいわれる。患者の気持ちをほぐしリハに専念できる空間構成として、外来リハスペースはアスレチックジムのような軽快な雰囲気でリハそのものを楽しめるよう、器具の色彩を統一した。病棟のリハスペースは吹抜階段により2、3階の連携を強化し患者さんの各レベルにきめ細かく対応できる組合せと、ナースステーションからも見守れる構成とした。

建築概要 【西能病院】設計：ヘルム＋オンデザイン＋鹿島建設／竣工年：2012年2月／主要用途：病院／敷地面積：6500.28㎡／建築面積：2189.88㎡／延床面積：6472.42㎡／建ぺい率：33.69%（許容60%）／階数・病床数・構造：地上4階　97床　鉄筋コンクリート造一部鉄骨造　地上4階

● 都市の医療拠点……総合病院 南生協病院／愛知県名古屋市／日建設計

地域になじみ地域社会に浸透する医療建築

2007年に制定された「公立病院改革ガイドライン」により、公立病院の経営効率化・再編、ネットワーク化・経営形態の見直しがされ、ベッド数の大幅削減が行われている。これが人口減に悩む地方では「地域医療の危機」として受け止められている。本事例は、地域住民が当事者として参加し、議論を重ねることで地域密着度を高めた例である。病院の中には、フィットネスジム、レストラン、ベーカリー、保育所などが設けられるなど複合性をもっている。

写真1　駅前ショッピングモールからの全景

写真2　駅側アプローチ

図1　配置

◆地域の生活者視点から病院をつくる

　本事例は、新たに整備されたJR新駅と、その駅前にオープンしたショッピングセンター、既存住宅地とに隣接した敷地に計画された大型の地域医療拠点である。この計画の興味深い点は、駅と住宅地の行き来をつなぐ広い「通り抜け動線」が、地域生活者の利便性向上と、生活密着型の医療サービスのあり方のしかけとして設けられていることである。通り抜け動線を中心に、北側には病院棟と駐車場が、南側には店舗や薬局、レストランやベーカリー、その他院内保育所、フィットネスジム、ホールなどが複合的かつ面的に広がって配置されており、また大きな庇のかかったエントランススペースは、敷地内外の高低差を解消しつつ、駅に向かって限りなく開いた格好を呈しているため、駅利用者や周辺地域の人々が自由に行き来する都市の広場のようになっている。またこの通り抜け動線には、病院の待合スペースもあり、そこでは一見して病院とは感じられない、まちのような賑わいの空間になっている。単に医療のためだけでなく、敷地をまたいで機能する、生活者のための建築計画となっている。

◆子育てから看取りまで：人生をサポートする医療環境

　本事例は、「子育てから看取りまで」の、都市生活の抱える諸問題を包括的に捉えた地域問題解決を主軸に計画が進んだ。例えば「子育て」に関していうと、産婦人科や小児科、病児保育といった医療科目・サービスの充実だけではなく、子育て支援の取り組みとして、助産所や院内保育所といった施設を計画に加えることで、そこで働く医療スタ

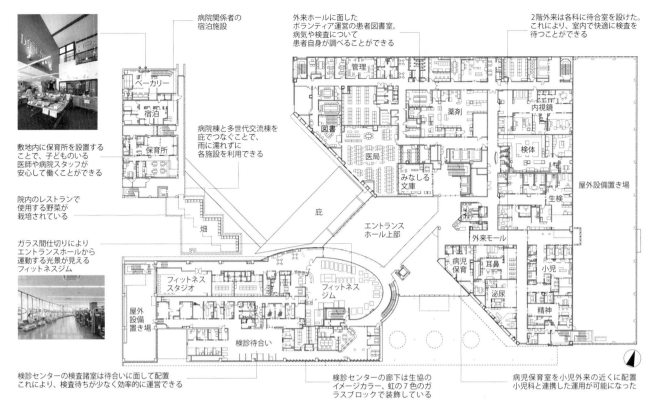

図2　2階平面　S＝1：1200

図中の破線部分に大屋根の格好をした庇がかかっており、外観のアイデンティティを形成するとともに、駅に対して開きつつ、日差しを避けるパブリックスペースを提供している。この庇をくぐると広い通り抜け動線の空間があり、両サイドに面的に各施設が配置されている。本事例の周辺地域の生活は、基本的には車移動により成り立っているが、駅に通じるこの通り抜けの空間があれば、自ずと歩いて暮らす「コンパクトシティ」の中心にもなっていくであろう。

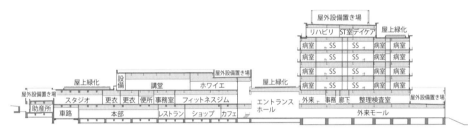

図3　断面　S＝1：1200

ッフの24時間体制の勤務形態も適切にサポートすることが目指された。こうした付帯施設の計画は、多人数が働く大規模な医療拠点ならではのアイデアであるが、働きやすい環境の整備は、結果的には優秀な人材確保にもつながるであろう。また本事例が他の総合病院と比較して特徴的なのは、レディス病棟（女性専用病棟）の充実と、緩和ケア病棟の完備にある。これらは、計画段階において周辺住民との合同会議において提案された、母子医療、健康づくり、終末期医療、多世代交流・地域連携、安心なまちづくりといった、医療拠点整備の枠におさまらないテーマが実現された結果であり、オーガニックレストランや料理教室の開催できる多世代交流館などに空間化されている。

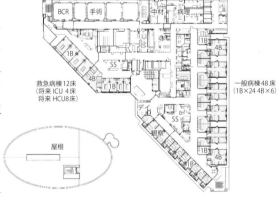

図4　4階平面　S＝1：1800

◆安心して暮らすことができる地域社会のモデル

昔から、暮らしやすい生活環境とは、①良い教育機関（学校）があること、②良い食材に恵まれていること③良い医療機関（病院）があることの3つが満たされ、安心して子育てができることが条件になるといわれている。南生協病院は開発されたニュータウンにデベロッパーが考えたまちづくりではなく、もともとあった生協コミュニティが時間をかけて議論し、自分たちの手で、安心感のある日常生活の中心核を創出している。少子高齢化に伴いコンパクトな都市が提案されている中、これからの地域社会のモデルプロジェクトとなるものである。

写真3　4床室の内観

建築概要　設計：日建設計／所在地：愛知県名古屋市／竣工年：2010年2月／主要用途：病院、助産所、レストラン、物品販売業を営む店舗／敷地面積：17878.72㎡／建築面積：9039.87㎡／延床面積：29388.74㎡／階数・構造：鉄骨造、一部鉄骨鉄筋コンクリート造、鉄筋コンクリート造、地上7階／病床数：97床

●高齢者の居場所……デイ・ホーム玉川田園調布／東京都世田谷区／世田谷区営繕課・ヘルム建築・都市コンサルタント

家スケールでつながれた2つのデイ施設

高齢者施設は施設整備の急迫から、市街化調整地域や中心市街から外れた場所に多くつくられてきた。一方、高齢者への対応は、2000年の介護保険制度開始により在宅介護サービスの拡充へと大きく変わってきた。何らかの介護を要する高齢者は増加する流れであり、こうした状況下では、地域の通所施設（デイ・サービス）は在宅で介護する家族が少しでも休息の時を得るために貴重な存在である。

写真1　1階一般デイ・ルームよりコミュニティガーデンを見る
1階の一般デイ・ルームと2階の認知症デイ・ルームは吹抜けでつながる構成である。

◆住民会議の議論をベースに

　2000年の介護保険の開始以来、これに関連する各種サービスは、高齢者にとって欠かせない生活支援のインフラとなっている。中でもそのためのデイ・サービス施設は、その代表的なものといえる。滞在型の施設とは異なり、通所タイプのデイ施設は住宅地の中に住宅のような規模で建てられることが多い。

　本事例の特徴は、計画に住民会議による議論の積み重ねが活かされ「コミュニティガーデン」と名づけられたところを中心に計画が組みたてられている。デイ・ルームはこれに呼応するように、どの場所からもガーデンや外部が見渡せ、室内ではさまざまな場所性をもち、空間的には一体でありながら個人が居場所を選択できるようになっている。

　また室内では、「キッチン＝ダイニング」が生活の中心となるという考え方から、それを取り囲むようにリビングやデッキテラス、ガーデン談話室などが配置されている。まさにごく自然な住宅に即した設えを有した「小さな建築計画」である。

◆2つの「デイ」をつなぐ

　認知症デイ・ルームは2階に配置している。吹抜けを介して、1階のデイ・ルームとつながるのが本計画の新しさである。設計者は、敷地の制約からこの2つのデイ・ルームを重層させ、空間的には分離せずにつなげる構成としているが、それは認知症利用者と一般利用者を分けることに対するひとつの解決策であり、計画段階におけるさまざまな議論を通じ、空間的に一体化させることができた。

◆地域の人たちによるコミュニティ形成の場を継承

　敷地は、地域の人々の手で「お花畑」として長く使われていた愛着のあるコミュニティの場であった。お花畑が新たに高齢者施設に提供されることになると、地域の人たちは自分たちの手で新しい環境を誘導するための「設計ガイド」を作成し、施設づくりには住民参加を基本とすることを区に申し出ていた。

　地域の人たちの要望に添うべく、「まちづくり会議」の開催が決められ、多くの人々が積極的に本事例

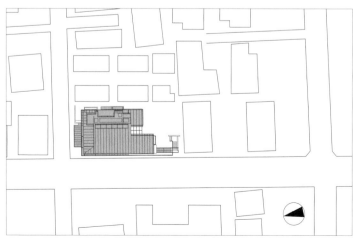

図1　配置　S＝1：1200
敷地は住宅地の角地。周辺や近隣の建物スケールにあわせて「小さな建築計画」になっている。

の計画立案に際して意見を述べた。

地域の人々にとり高齢者施設は、自分たちが将来利用することを想定し、既存のデイ施設のように一堂に会しみんなで同じ遊戯をするようなプログラムではなく、もう少し小グループで時間が過ごせる選択肢のあるプログラムとバリエーションのある空間の組合せが希望され、学校帰りの子どもたちも気軽に立ち寄れ、地域の人々もボランティアで参加でき、お花畑で養った庭づくりも継承できることが望まれた。

◆住宅のスケールと違和感のない構成

計画は「大きな家」をコンセプトに、開口部のサッシは木造を基本とし、中庭のお花畑やウッドデッキと連続する目に優しい構成とした。1、2階の吹抜けを介して健康なお年寄りと認知症をもつお年寄りが隔離されることなく、同一空間で互いの気配を感じながらプライバシーが確保できる空間構成とした。

道に面した地下1階は、地域に開けて誰もが自由に立ち寄れ、小規模な集会も可能なコミュニティの場として地域に開放され、送迎バスを待つお年寄りと立ち寄った地域の人々との交流の場にもなっている。

写真2 外観西立面

写真3 2階のキッチン・ダイニング

写真4 コミュニティガーデン（お花畑）
地域住民の手で維持管理されていた「お花畑」が本計画に伝承された。単に空間の伝承にとどまらず、コミュニティの意識、愛着の継承へと時代を超えてつながっていく。

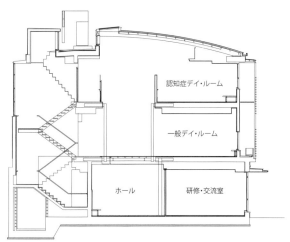

図2 断面　S＝1：250

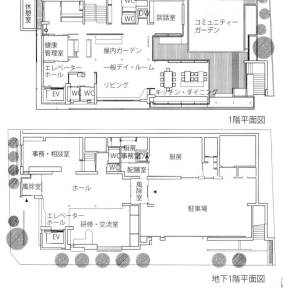

図3 各階平面と断面　S＝1：500

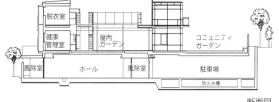

地域の通所サービス拠点は、一般的に本事例のようにあまり大規模にはならない。キッチンやダイニングなどは独立住宅と同じスケールで捉え、交流室などは利用者数から広さや規模を計画するとよいが、一方、トイレは車いす対応とし、箇所数に余裕をもつ必要があり、外部アプローチや玄関まわりのエントランス空間は広めに、段差ストレスをなく設計するとよい。

建築概要　設計：ヘルム／所在地：東京都世田谷区玉川田園調布／竣工年：2000年1月／主要用途：老人福祉施設（デイホーム在宅介護支援センター）／敷地面積：665.65㎡／延床面積：979.36㎡／建ぺい率：53.9%（許容70%）／階数・構造：地下1階、地上2階　鉄筋コンクリート造

おもてなしとホスピタリティの建築

　2020年東京オリンピック誘致の際に日本から発信され、その年の流行語にもなったコンセプトは「おもてなし」であった。おもてなしは、単なるサービスではなく、相手のことを慮る気持ちと、心から喜んでもらえる心配りである。

　建築の世界でもそのコンセプトは求められる。ホスピタリティやインティメート（親密な）といった言葉に置き換えられているが、その精神は、ホスピタリティと質の高いサービスとそれを支える建築空間に求められる。本質的なグレードの高さは、表層的なきらびやかさではなく、建築的に工夫された空間である。

　そうした空間は、ホテルでは古くから、病院などでも最近になって見られるようになってきた。

　ホテルでは、本物の価値を知る人のための、きめ細かい本物のサービスと世界標準のホスピタリティとともに、それを支える建築空間が求められていた。

　病院では、エントランスと総合受付のまわりには、アトリウムとプロムナードが設けられることが多くなっている。病院経営の合理性からはアトリウムよりも床をつくる発想になりがちであるが、ゆとりのある患者・スタッフのアメニティの高い空間づくりが求められている。エントランスの近くに患者が多くいる総合待合をつくることがほとんどであったが、これらの空間は開放的で、できるだけ病院らしさを消すことができるとともに、患者の気持ちにワンクッションを置くことができるようになる。

　そこでは、最高水準の医療サービスの上に、過ごしやすい快適性、病院らしくない雰囲気を目指して工夫がされている。インテリアには、曲面デザイン、間接照明、自然素材が使われ、病院らしくないデザインとなり、患者の緊張や不安を与えず、リラックスした空間をもたらしている。

　そこでは、空間のイメージや雰囲気づくりを生み出し、建築だけでなく、サービス面でも病院らしさを排除するHI（ホスピタル・アイデンティティ）にこだわりが求められている。

ホテルのような吹抜けをもつ病院

都市を集める
人の動きをつくる
プログラムを変える
交流を生む

楽しむ・集まる

05

●都市を集める……代官山 蔦谷書店／東京都渋谷区／クライン ダイサム アーキテクツ＋アール・アイ・エー

等身大の建築スケールの場づくり

　ネット販売の隆盛もあり、紙媒体の書籍が売れない時代に、「場」があるメリットを最大限に活かす書店づくりがある。建築空間によって、人と人とのライブなコミュニケーションをつなぐ場と仕掛けをつくり出すことによって、ビジネスの新しい方法と新しい都市空間が生まれる。ここで取り上げる代官山蔦谷書店は、都心の住宅系用途地域に低層建築群によって構成された事例である。

写真1　旧山手通りから見た南側外観
外装のモチーフは蔦屋書店のイニシャル「T」で、それを構成するのは小さな「T」型のパネルの集合である。GRCパネルを使用。

図1　配置　S=1：4000
敷地南側ゾーンに蔦屋書店、北側にGARDENが配置される。隣接する東側の旧山手通り沿いには「ヒルサイドテラス」の建物群が連なっている。

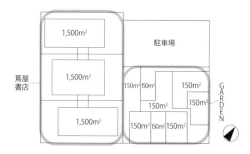

図2　一敷地一建物の原則
建築基準法では「一敷地一建物の原則」がある。つまり一つの敷地には一つの建物しか建てられない。与えられた敷地に複数の建物を計画した場合には、細かく敷地を分割してそれぞれに建築するか、特例的に複数建築物を同一敷地内にあるものとみなして建築規制を適用する制度（建築基準法第86条）を活用する。

◆地域への調和とブランド・シンボル

　代官山蔦谷書店の周囲には、建築家・槇文彦が長年取り組んできた「ヒルサイドテラス」という、住居と商業施設からなる建築群がある。ヒルサイドテラスは40年の長きにわたり、この周辺一帯の住環境だけにとどまらず、歴史と文化までもつくり出し、周りの建築に多大な影響を及ぼしてきた。本事例もそれを意識した計画を立てているため、訪れる客も上述したような街としての総合的な雰囲気を味わうことになる。建築の力が街の文化をつくり出し、育てている事例といっていいだろう。

　そして、「ツタヤ」というブランドのシンボル化が場づくりを後押しする。ブランドそのものが建築となり、建築がブランドを表す。例えば、建築のファサードに現れたTの文字である。単純な仕掛けであるが、大きく派手な看板を出さなくとも、客はこの建築がツタヤであることを認識できる。

◆等身大の建築スケールを生み出すための敷地分割と微地形

　蔦谷書店の入るDAIKANYAMA T-SITEは南北2つのゾーンで構成され、南側のゾーンには蔦谷書店が入居する3つの建物群、北側のゾーンには「GARDEN」と呼ばれる小売店の入る8つの建物群がある。建築コンセプトは蔦谷書店から提示された「森の中の図書館」である。森の中に巨大なボリュームの建築は似合わない。複数のスモールスケールの建築が森の中に埋め込まれることで、このコンセプトが実現されている。

　群島型の建物配置は、法規制をうまく解くことによって実現させたと

いってもよい。この地域は住宅系の用途地域で、南側の敷地には1500㎡まで、北側の敷地には150㎡までの建築物しか許されていない。そのため、それぞれの敷地に許容される店舗面積が収まるように敷地を分割し、それぞれの建築の配置によって森の中を散策しているような雰囲気になるよう構成されている。微地形を読み込み、高低差をうまく利用して建築を配置することによって居心地の良い商業空間の雰囲気を醸し出している。

◆展開を巻き起こすような空間づくり

蔦谷書店はターゲット層を団塊の世代に絞り込んでいる。団塊の世代は、戦後すぐに生まれた人口数の飛び抜けて多いボリュームゾーンであり、日本の消費社会を牽引し、多様なライフスタイルを生み出してきた。テーマ別に分けられた書籍がツタヤ書店の3つの建物にゾーニングされ、それらがインタラクティブに次の展開を巻き起こすような空間づくりがコンセプトになっている。店舗内の1階は「マガジンストリート」と呼ばれる通路が3建物を貫き、テーマの異なる書籍を扱う建物の一体感を計画地全体でつくり出している。インテリアは「家」をコンセプトとして、書棚の高さや密度感を等身大のスケールとして、ゆったり落ち着ける、安らぎのある空間となっている。

	第一種低層住居専用地域	第二種低層住居専用地域	第一種中高層住居専用地域	第二種中高層住居専用地域	第一種住居地域	第二種住居地域	近隣商業地域	商業地域
店舗の床面積が150㎡以下のもの	×	①	②	③	○	○	○	○
店舗の床面積が150㎡を超え500㎡以下のもの	×	×	②	③	○	○	○	○
店舗の床面積が500㎡を超え1500㎡以下のもの	×	×	×	③	○	○	○	○
店舗の床面積が500㎡を超え3000㎡以下のもの	×	×	×	×	○	○	○	○
店舗の床面積が3000㎡を超えるもの	×	×	×	×	×	○	○	○

○：建築可能　×：建築できない　①、②、③：サービス内容、階数等の制限あり
① 日用品販売店舗、喫茶店、理髪店および建具屋等のサービス業用店舗のみ。2階以下。
② ①に加えて、物品販売店舗、飲食店、銀行の支店等のサービス業用店舗のみ。2階以下。
③ 2階以下。

表1　商業施設に関する用途地域内の建築制限
用途地域ごとに、店舗面積の区分、サービス内容、階数等の建築条件が定められている。

写真2　1号館と2号館には、大きな植栽がある

写真3　本の展示スペースは、部屋のようでもある

> **店舗を持たないネット販売**
> ネット販売は、地代の安い土地に巨大な倉庫を確保することで、売れ筋でない書籍も揃えたロングテールのビジネスモデルによって成立している。つまり世の中に出回っている売れ筋の書籍の1割程度ではなく、それ以外の店舗におくことができない残りの9割の書籍からも利益を得ることを可能にする。

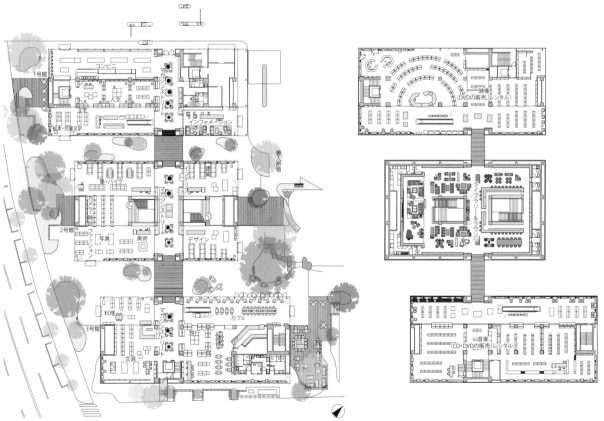
図3　1階平面（左）と2階平面（右）　S＝1：400

建築概要　設計：クラインダイサム アーキテクツ＋アール・アイ・エー／所在地：東京都渋谷区／竣工年：2011年11月／主要用途：物販店舗、サービス店舗、飲食店舗、共同住宅／敷地面積：4206.12㎡（DAIKANYAMA T-SITE全体では7,873.73㎡）／建築面積：2277.67㎡／延床面積：5190.33㎡／階数・構造：地上2階（一部地下1階地上3階）・鉄骨造

●人の動きをつくる……なんばパークス／大阪府大阪市／大林組、日建設計、ジャーディ・パートナーシップ

客の好奇心を高めて回遊性を生む

多くの物販店舗や飲食店舗等で構成される大型商業施設であるショッピングモールが、全国各地で建てられ、さらに大型化の傾向にある。ショッピングモールがより多くの客を取りこみ、さらに数ある店舗に導き入れるためには、建築計画的な工夫が必要となる。ここでは、回遊性を巧みに取りこみ、人の動きをつくることを計画した事例を取り上げる。

写真1　キャニオンストリートを見る

写真2　低層商業棟とパークスタワーを見る

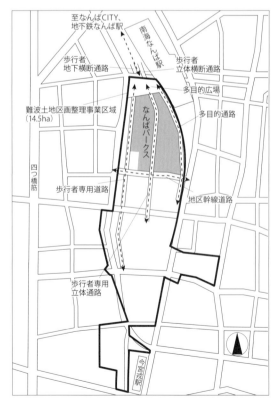

図1　配置　周辺市街地との関係
なんばパークスは、北側のなんばCITYや地下鉄なんば駅からの客の流れを呼び込む動線や、東西、南北を貫く動線を計画し、都市の回遊性をつくり出している。

◆アーバンデザインとしての地域との一体化

なんばパークスは、大阪ミナミのターミナル拠点、南海電鉄難波駅に隣接する位置にある。かつての大阪球場跡地を活用し、ミナミの活性化を目指したリーディングプロジェクトであった。球場跡地が14.5haの土地区画整理事業の再開発として施行されたが、本事例はそのもっとも北側で駅から近い部分で設計がされたものである。敷地規模は、南北方向に約260m、東西方向に約180mある約3.4ha。低層棟に物販店舗、飲食店舗、シネマコンプレックス、勝馬投票券発売所、高層棟にオフィスが入る複合商業施設である。

巨大なショッピングモールは、それ自体で街ボリュームを形成するので、周辺との連続性、人の動きの操作など、街と建築の関係性をつくり出すアイデアも必要になる。この再開発全体の背骨の動線として、また交通拠点の中心として、歩行者デッキを敷地全体に回すなど、再開発地区全体の回遊性を高めている。この計画は、パークスガーデン、キャニオンストリート、アーバンファーム、内部8の字モールなど数多くの、商業施設の魅力を高めつつ、新たな都市空間をつくる建築的な仕掛けが生み出されている。

◆都市を囲い込み、テーマパーク化と回遊性

本プロジェクトは、容積率800％という高容積で巨大な建築物でありながら、建物内部に広いオープンスペースをつくることで、その中に都

市と自然を同時に体験し、感じられる場を実現している。

パークスガーデンと呼ばれる段丘状の屋上公園があり、その約半分が緑化され、各所にテラスやベンチ、飲食店が配置されている。この屋上公園は、動線的にも、視覚的にもつながり、商業施設の集客装置となっているほか、緑と人との親密な空間を生み出し、喧噪のある都会の中で、オアシス的な魅力をつくり出している。

街区を貫くセンターモールは渓谷（キャニオン）をイメージしたデザインで、インパクトのあるシンボル的な空間として、賑わいを演出している。センターモールを中心として、8の字の内部モール[※1]の要所に内外の視線が交差するボイドを設け「見る／見られる」関係を誘発し、客の好奇心を高めている。センターモールは、約10mの幅員と約180mの全長があり、北側からだんだんと渓谷が高くなり、中央部で建物6層分の高さになる。ゆるやかに蛇行するセンターモールは、次のシーンを見え隠れさせ、客の好奇心を高めつつ、建物の奥や、上への回遊性を高める空間をつくり出すことに成功している。

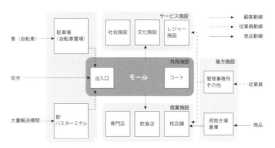

図4　モールの施設構成
モールは、商業施設とサービスを提供する施設が中心となり、共用部とこれらを支える後方施設と移動施設で構成される。大規模になると、サービス施設として、映画館、アミューズメント施設、文化活動施設などが含まれる場合がある。

写真3、4　回遊性のある計画
多くのテナントに導くことと、長時間滞在するようにするため、動線に回遊性をもたせ、テーマ性をもつ場所や通路等の空間を計画する。迷路のような入り組んだ空間構成にしたり、どこにどんなテナントがあるかわかりにくくするなどあえて不便なレイアウトをとることがある。

※1　8の字モール
特定の店舗やゾーンのみの来店者が、途中で引き返せたり、多様な歩行ニーズに対応できるよう、途中にバイパスをつくりモールを2分し、形を8の字のモールとする計画。

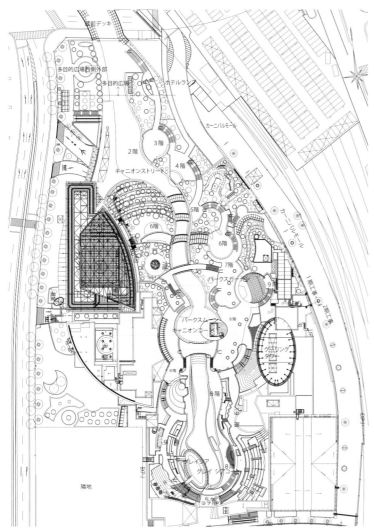

図2　配置平面　S＝1：2000

写真5　キャニオンテラス（9階より）

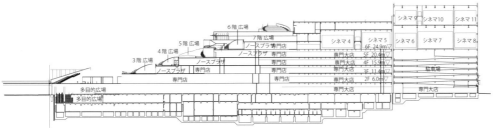

図3　南北断面　S＝1：2000

● プログラムを変える……Maruya gardens／鹿児島県鹿児島市／みかんぐみ

商業施設にコミュニティ活動の場を組み込む

疲弊した中心市街地で、テナントビルをテナントビルのまま再生しただけでは、一度、離れていった人の流れは取り戻せない。利便性を高めるだけでなく、例えば、ビルの中に地域コミュニティの中心としての場を組み込むような工夫が必要となる。ここで紹介する「Maruya gardens」は、「コミュニティガーデン」と呼ぶコミュニティ活動の場を5か所に設けたユニークな事例である。

写真1　改修後外観

図1　配置
※1　中心市街地
主要駅の周辺に広がる都市の中心となる業務・商業の集積地区のこと。車社会の進展により、地方都市の中心市街地は衰退し、シャッター通りとなっていることが多い。政策的に、中心市街地活性化への支援が強化されており、日本全国で120地域において中心市街地活性化のための基本計画が策定されている（2013年11月29日現在）。

写真2　4階インテリアショップ／天井は配管現しとなっている。

◆コミュニティの中心にプログラム変更

　日本全国の地方都市で、中心市街地[※1]がいわゆるシャッター商店街となり問題となっている。中心市街地の商業の中心的な役割を担っていた有名百貨店やデパートもその例外ではなく、撤退を余儀なくされている。鹿児島市の天文館地区でも、有名百貨店の撤退もあり、かつて人であふれかえっていた様子は一転した。しかし、2010年、その百貨店跡が「Maruya gardens」として再生したことが天文館地区復活の起爆剤となっている。この建物のオーナーは中心市街地の活性化の核となるよう、デパートではなく、小売り店舗の集積するテナントビルとして再出発させることを決めた。この事例では、その中にコミュニティの中心としての場づくりが考えられた。

　地上9階地下1階の10層のフロアには、アパレル、雑貨、書籍、食料品など約80の店舗が並び、「ガーデン」と呼ばれる地域コミュニティ活動の場が、1、3、4、7階と屋上の5か所に設置されている。その場で、NPOを中心に展覧会、シンポジウム、各種教室やコンサートなど、さまざまな活動が展開されるようにした。必然的に、そのNPOと周囲の小売店舗とのコラボレーションが生まれるようになった。ガーデンは、建物のフロア内において、幹線道路沿いの良い場所にある。テナントにリースすれば賃料がとれるが、あえて賃料が得られないコモンのスペースとしている。これは、街に例えるなら、「広場空間」といえるだろう。

◆ハードとソフトの一体化

プログラム変更だけでなく、建築的な工夫によって増床も実現している。この建物は過去に4回に分けて増築されたもので、そのため、2方向避難のための階段が多数あり、結果として無駄な空間が多い非効率なものであった。今回、避難安全検証法[※2]を適用し、階段の幅や数量を整理することで、全体の床面積を変えずに有効貸床面積を870㎡増床することができた。

この建物の場合、再生後、コミュニティの核としてつくったガーデンが使われるようになり、使う人たちがさまざまなアクティビティを誘発し合い、相乗効果で新たな動きを紡ぎ出していったことが、ソフトウェアとなり、地域の活性化につながることとなった。

この計画には当初から、コミュニティデザインを仕掛ける山崎亮が参画しているが、彼が中心となってマネジメントを行い、ガーデンが使われるように検討が進められた。たとえば、市内のNPO、60団体にヒアリングを行い場のマッチングを行なったり、さらにそれらの団体同士のコラボが生まれるように仕組んでいる。このような計画的なコーディネートによって、よい建築とよいアクティビティが結びつくといったようなハードとソフトの一体化が生まれる結果となった。

※2 避難安全検証法

避難安全検証法を用い、安全に避難できる性能を検証することで避難距離は問われない。具体的には、コンピュータを使っていくつものシミュレーションを行うことで、避難時の行動を予測し安全性を検証する。
例えば、その検証の一つに「全館避難終了に必要な時間の計算」がある。在館者密度、室・廊下・階段等の大きさと出口の幅、歩行速度・流動係数、直通階段の数、階数を変数として、火災を覚知し避難行動を開始するまでの時間、屋外への出口までの移動に要する時間、屋外への出口までの滞留発生による遅れ時間を、各室ごとに計算し、その最大値を求め検証項目の一つとする。

写真3　ガーデンを見る

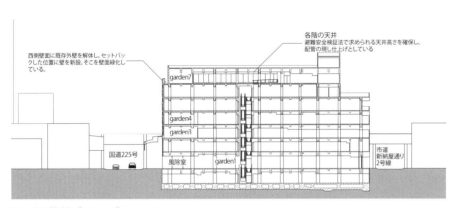

図2　断面構成とプランニング　S＝1:1000

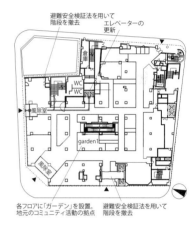

図4　1階平面　S＝1:1500

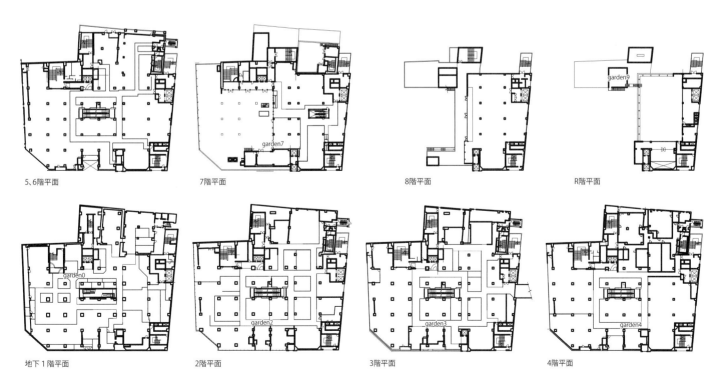

図3　各階平面　S＝1:1500

建築概要　設計：みかんぐみ／所在地：鹿児島県鹿児島市／竣工年：2010年4月／主要用途：商業施設／敷地面積：3511.71㎡／建築面積：2932.00㎡
延床面積：22497.99㎡／階数・構造：地下1階　地上8階・鉄筋コンクリート造　一部鉄骨造

●交流を生む……豊田市生涯学習センター逢妻交流館／愛知県豊田市／妹島和世建築設計事務所

集まりや活動をつなげる空間の連続性

疲弊した地域の中で、近所づきあいやコミュニティづくりの重要性が以前に増してうたわれるようになっている。そのような時代状況の中で、人が集まり・交流が促される施設が地域の拠点となるような計画が求められている。本事例はアール形状の総ガラス張りのパブリックスペースで、活動が見える設えとして、各室が円弧のかたちで配されている。

写真1　外観と内観
アール形状となっている特徴的な平面はイソギンチャクのようだ。内部の諸室もまた、ガラス張りアール形状をとっている。

1947年	教育基本法 社会教育に関する施設の設置および管理を市町村の教育委員会で行う
1949年	社会教育法 公民館に関する目的・事業内容・運営等が定められる
1959年	社会教育法（文部省告示） 公民館の水準の維持・向上を図るための公民館の設置および運営に関する基準の告示
1973年	コミュニティ振興政策（自治省通知） 市町村にコミュニティセンターの設置助成、その他各省庁の政策に基づく施設の設置助成
1990年	生涯学習振興法 生涯学習振興のために公民館を中心に総合的な社会教育施設の整備と事業展開について定める

施設名称 （所轄省庁）	設置主体	設置目的	関連法規など
生涯学習センター （文部科学省）	都道府県 市区町村	生涯を通して各種の学習活動を行うことを目的とした施設	生涯学習振興法
公民館 （文部科学省）	市町村	地域住民の社会教育、文化活動、健康や社会福祉の増進のための各種の事業・活動を行う施設	社会教育法
コミュニティセンター （総務省他）	市町村	住民の交流・文化・スポーツ・レクリエーション活動等を目的とした施設	市町村の条例による設置

表1、2　コミュニティ施設の概要
コミュニティ施設は、地域コミュニティの核となり、地域住民の集会、余暇、学習、文化活動等を行う拠点である。その設置目的や関連法により名称が異なっているが、統合しようという動きも見られる。
これらの設置に関する政策は図2のように整理され、ほぼ15年おきに新たな施設の考え方が生まれてきている。

◆集まりや活動の様子が外から見え、人と人がつながる

逢妻交流館は、市民が生涯に渡り学習意欲をもち続けるための、地域の生涯学習センターとして、豊田市がプロポーザル方式で設計提案を募集して実現したものである。人が集まり、交流が促される施設は、ただの箱ではなく、建築そのものがアクティビティを誘発するものであり、同時にそのためのソフト的な仕掛けも重要である。

建物の1階部分には、2層吹抜けの多目的ホール、図書コーナー、コミュニティホール、子育てサロン、2階部分には、大小3つの会議室、3階部分には和室、工芸室、調理実習室があり半屋外的な空間となっている。

2階、3階の諸室は、いずれもガラス張りの円形平面となっており、集まりや活動の様子が外から見られる設えになっている。中で何をやっているのかわからない施設も多いが、活動をオープンにすることによって、地域のコミュニケーションの新しい展開が生まれるようになる。また、上下階でも視線の交流や、建築的な空間の連続性が生まれ、人と人の関係性のデザインもできる。

2階の円形会議室はガラス張りでありながらも、距離を置いて配置されていて、それぞれの部屋は静かな場所である。3階の諸室の間にはそれぞれ緩衝空間があり、それらの空間の配置が、空間と人、人と人をゆるやかにつなげている。

◆周辺環境と地域住民の活動の混ざり合い

ガラス張りの諸室と、外部とゆるやかにつながっている建物内部は、

昔の住宅の縁側的な空間に似て、積極的に地域につながろうという印象を与える。また3階全体がテラス的な基盤の中に諸室が配置されている計画であるため、周囲に広がる風景と一体化するような、開放的で気持ちの良い空間が実現されている。

1階の図書コーナー、コミュニティホール、子育てサロンは、それぞれの利用者である地域の小中学生、親子などが思い思いに時間を過ごしている。生涯学習センターという単一機能の施設であるだけでなく、多様な機能とソフトを複合化して、地域住民の活動の混ざり合いを建築的に生み出している。

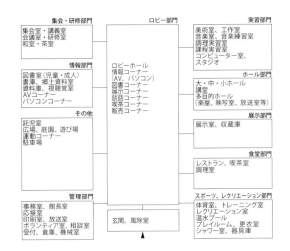

図3　コミュニティ施設の部門構成
コミュニティ施設は、ロビー部門を中心に、集会・研修部門、情報部門、管理部門、ホール部門、託児スペースなどのその他部門などで構成される。各部門は、それぞれを明確にゾーニングするのではなく、それぞれの活動が外からも見られるように空間的な配置をし、施設全体の活動を知ってもらうのがよい。

1階平面

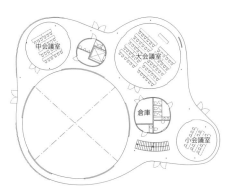

2階平面

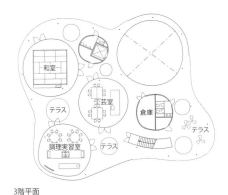

3階平面

図1　各階平面　S＝1：600

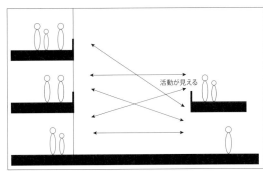

写真2、図4　活動が見えるしつらえ
コミュニティ施設の魅力の乏しさに、利用者グループが固定化されどのような活動が行われているかわからないというものがある。また、利用者も活動が終わるとそのまま帰ってしまう。そのため、利用者が施設にいる時に、他の多くの活動の様子がオープンに見えるように空間構成を工夫するのがよい。

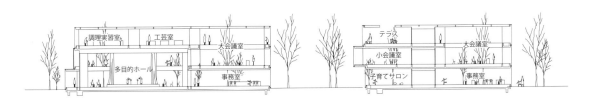

図2　断面　S＝1：600

建築概要　設計：妹島和世建築設計事務所／所在地：愛知県豊田市／竣工年：2010年1月／主要用途：生涯学習センター／敷地面積：7468.49㎡／建築面積：829.46㎡／延床面積：1,575.5㎡／建ぺい率：11.1％（許容60％）／容積率：21.1％（許容200％）／階数・構造：地上3階・鉄骨造

賑わいを生み出す一体空間

　都市空間の計画は、街路と建物の関係が無関係に切れた状態で進みがちであるが、にぎわいがあり、どこか安心できる都市空間は、街路と建物がひとまとまりで、全体の調和の中で計画されている。ひとまとまりとして計画し、さらに建築の小さなスケールにまで一環したコンセプトが落とし込まれ、計画をしつくされた建築空間が街を元気にする。

　計画の単位は、街路と街路を挟んだ両側の建物をセットとして、両側のファサードで街路空間を取り囲み広場のようにすることで「図」としての都市空間をつくる。店舗は、街路に直接面するように配置されている。街路空間を取り囲む都市空間は欧米の都市では一般的で、日本でも東京の銀座や、大阪の心斎橋などをイメージすればわかりやすいだろう。いずれも両側に店があって、賑わいがある。

　再開発や都市空間を対象とした計画では、大規模で大味な建物をつくって終わりになりがちである。そこで生活する人たちや訪れる人たちがいきいきと過ごせ、思い出になるような、すみずみまで考えられた建築空間が必要となる。

　そして、そのような建築空間を「図」としてつくり、そこに主人公である人がいきいきと配されなければならない。このような空間は「公共空間」として、これまでは通過させるだけで使いみちに制限が多く、人が集ったり、語らったりする賑わいづくり寄与してこなかった。ところが、最近になり、街路や歩道などの公共空間で、オープンカフェの社会実験が見られるようになってきた。池袋、丸の内（東京）、御堂筋（大阪）、久屋大通（名古屋）などで、街路に面する店舗などがオープンカフェに参加し、賑わいを演出している。今は社会実験の段階であるが、建築、都市空間、人の3つの関係を一体的に計画し、その街の風景をつくり出すきっかけとなってほしい。

東京・池袋で行われたオープンカフェの社会実験

公共施設
旧駅の遺構
木賃アパート
廃校中学校

再生する

06

●公共施設……八女市多世代交流館「共生の森」／福岡県八女市／青木茂建築工房

新しい用途に生まれ変わる

国や地方自治体の財政がひっ迫する中、更新時期を迎えた公共施設への対応は困難な状況となっている。本事例は、耐震診断などの事前調査にもとづき、新築に比べ、スケジュールを短縮し総費用を低減させたプロジェクトである。躯体をスケルトン状態まで解体し、耐震補強と増築を行い、外装はカーテンウォールと金属板によって面目を一新した。

写真1　新しく付け加えられた多目的ホール内観

写真2　金属板で覆われた北側ファサード

図1　配置

※1　多世代交流施設
子どもから高齢者まで世代を超え、コミュニケーション、ふれあいを通じて、市民の交流や協働を図るための施設。世代ごとに以下のようなメリットがある。

高齢者世代	生きがいづくり、子どもとのふれあい
子育て世代	子育て相談、互助
子ども世代	大人とのコミュニケーション

◆老朽化した公共施設の更新

　八女市多世代交流館「共生の森」は、1973年築の老人福祉センターを、その約四半世紀後、高齢者と子どもたちのふれあいの場となる多世代交流施設[※1]とデイケアセンターに再生したものである。

　昨今、公共の財政は厳しい状況にあり、公共施設の整備費にも大きな資金をかけることは難しくなっている。建て替えるか、更新して再生するかの選択が迫られるであろうが、後者を選択する場合でも、再生効果と再生金額とを正確に把握できなければならない。再生を選択したとしても、できるだけ既存の構造や部材を再利用し、予算を抑えなければならない。共生の森の設計者の青木茂がとる再生はその要請に応えたもので、老朽化した建物の80％程度を再利用しながら、まったく新しい顔と用途をもった建物に生まれ変わらせる手法をとる(青木はこの手法を「リファイニング建築」と呼ぶ)。構造上不要なRCを解体、サッシを撤去して、躯体をスケルトン状態まで戻し、そのうえで、耐震補強を行い、新たなサッシと取り替え、増築、用途変更などを積み重ねた。さらに、既存建物の8割を再利用することにより、解体撤去費用も大幅に削減でき、結果として地球環境への配慮となっている。

　この共生の森では、既存建物の躯体の経年変化を考慮し、カーテンウォールと金属板によって、コンクリート壁を直接風雨にさらされないようにする手法も取り入れて老朽化対策としている。

　総事業費は1億2,000万円程度で抑えることができ、新築で同規模のも

のを建てた場合と比較すると、1億円程度のコストダウンとなっている（竣工時）。

◆多世代交流を生むしかけ

本事例の既存建物は、細切れに部屋が区切られていたが、間仕切りの壁は、構造的に必要な柱・壁を除き、全面的に撤去された。平面は北側に増床し、1階にデイサービスルーム、多目的ホール、2階に図書室、多目的ホール吹抜けを設けた。1階に談話室、大広間が設けられ、2階に研修室がある。2階の図書室からすべての空間を見渡せる計画になっていて、子どもと高齢者の交流がしやすく工夫されている。

機能の更新だけでなく、この公共施設をシンボル化するために、ファサードデザインが刷新されている。北側の1、2階の増設部分の面には大きな「屏風」に見立てた波打つ金属製の外壁を設けている。また、内部は地元の杉材で仕上げ、にじり口のイメージによる日本的な空間構成が生み出されている。

図2　多目的ホールの断面　S＝1：500

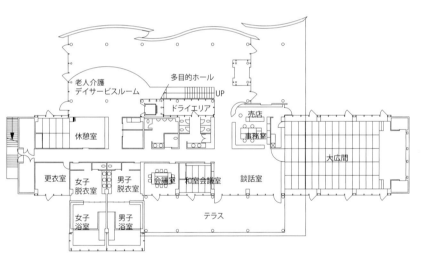

図3　1階平面　S＝1：500

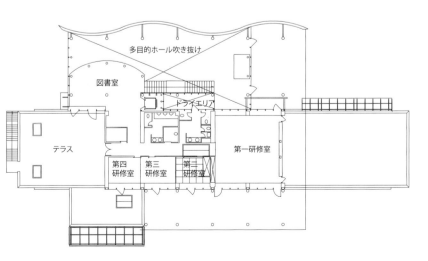

図4　2階平面　S＝1：500

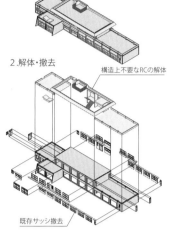

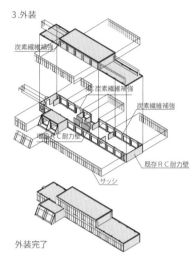

図5　改修プロセス

写真3　多目的ホールはさまざまな活動に用いられる

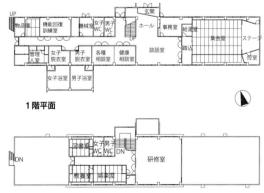

図6　2階平面改修前の平面　S＝1：750

建築概要　設計：青木茂建築工房／所在地：福岡県八女市／竣工年：2001年3月／主要用途：多世代交流施設＋デイケアセンター／敷地面積：5154.84㎡
建築面積：1034.86㎡／延床面積：1366.62㎡／建ぺい率：20.08%（許容60%）／容積率：26.51%（許容200%）／階数・構造：地上2階・鉄筋コンクリート造一部鉄骨造

● 旧駅の遺構……**マーチエキュート神田万世橋／東京都千代田区／みかんぐみ**

既存の空間ポテンシャルを最大限に活かす

産業遺構の再生では、その原初のダイナミックな空間ポテンシャルをどう活かすかがカギとなる。本事例は、1912年の開業時は中央線の起点駅としてにぎわった東京・万世橋駅の遺構の再生プロジェクト。高架下の特徴的な空間はレストランなどの店舗へと姿を変え、高架橋へと続く階段を駆け上がった展望デッキからはすれ違う電車を間近で見ることができる。

写真1　神田川より外観を望む

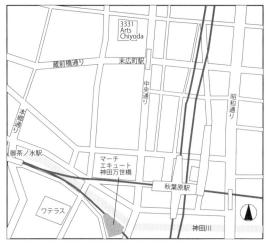

図1　配置　エリアマネジメント
地域の魅力と価値を向上させる「エリアマネジメント」の発想による、地域再生の考え方がだいぶ進んできている。それは、例えば、地域の経営管理の目標設定、計画策定、プロモーション等の経営管理事業を推進し、支援するなど、包括的に行う活動である。こうした活動の中では建築再生、ストック活用などの建築の力が求められている。

写真2
JR万世橋ビルより望む

写真3
改修された店舗
ボールト状の天井が特徴的。

◆空間のポテンシャルを活かして変えないところ

マーチエキュート神田万世橋は、明治から大正時代にかけて交通の結束点だった旧万世橋駅を商業施設へとリノベーションしたものである。この施設は、JR秋葉原駅、神田駅、お茶の水駅から至近にある利便性の高い立地にある。

リノベーションの事業者は駅中施設である「エキュート」を展開するJR東日本である。JR東日本はこのリノベーションを地上20階建のオフィスビルとの一体開発で実現し、高架下の施設には、カフェ、インテリアショップ、ワインショップなど11の店舗を配している。

現在、この施設一体のエリアは地域ぐるみの活性化が進んでいるところである。コンセプトは「文化、情報、知識が集まり、人々が語り合うサロンのような場」。リノベーションされたこの施設が周辺環境との連続感をつくり出し、街のにぎわいづくりにも寄与している。

以前この場所にあった施設は、アーチ構造の躯体の内部がアリの巣のように入り組んだ高架下空間であった。リノベーションでは、その構造自体を活かすために、そこに天井を張らないことで、空間のダイナミックさを生み出している。また、通常は天井側に設けられる設備や配管スペースを、床を700mm上げて床下に収めることで対応している。そして、既存のレンガ壁や鉄製の桁をそのまま残し素材感を活かしている。

商業施設として、このような空間自体がもつポテンシャルをそのまま資源活用できたことは、空間の魅力づくりの観点から大きなメリットとなっている。

◆大きく変えたところ

一方、大きく変えられているところもある。まず、神田川沿いのフ

ァサードである。従前の高架橋の開口部はふさがれ、神田川に向けて背を向けていたが、新たにアーチ型の開口部と張出しデッキを設けて、川と一体感をもつ空間デザインと雰囲気につくり変えられた。

また、高架橋上の空間も大きく変わっている。従前は旧駅舎のホーム跡であったところはガラス張りの展望デッキとカフェに生まれ変わった。このカフェは、目の前に走る電車が見えるように計画されている。高架橋下にあった両側を貫く4本の通路は、そのうち3本が利用者用の通路に計画された。

現行の法規制以前に建てられた建物のリノベーションは、現行の法規制を守った建物に変えなければならないが、これはリノベーション時に高いハードルとなる(既存不適格[※1])。とくに、避難や構造に関する規定を満足することは大きな壁となることが多い。本事例では、避難に関しては、避難歩行距離[※2]の規定をクリアするために従前の空間を部屋とせずに機械室としたり、避難通路を新設するために、レンガ壁をくりぬいて新たな開口部を設けている。構造に関しては、アーチ部の内側などは、表面を覆うように耐震補強のための厚さ400mmのコンクリートで補強されている。

旧施設名称(完成年)	再生後の名称	用途
木骨石張倉庫(1891年)	北一硝子三号館	商業施設
旧横浜船渠第2号ドック(1896年)	ドックヤードガーデン	イベントスペース
犬島精錬所(1909年)	犬島精錬所美術館	美術館
新港埠頭保税倉庫(1911年)	横浜赤レンガ倉庫	商業施設
水力発電所(1926年)	下山芸術の森発電所美術館	美術館

表1　土木遺産の再生例

※1　既存不適格
その建物が建設された当時の法規制には適合していたものが、法規制が変更になり、新しい法規制には適合していないことを既存不適格という。その建物がそのまま存在すれば問題ないが、リノベーションやコンバージョンの改修の際には、新しい法規制に適合することが求められる。

※2　避難歩行距離
避難階においては、階段から屋外への出口の一に至る歩行距離は第120条に規定する数値以下と、居室(避難上有効な開口部を有するものを除く)の各部分から屋外への出口の一に至る歩行距離は同条に規定する数値の2倍以下としなければならない。

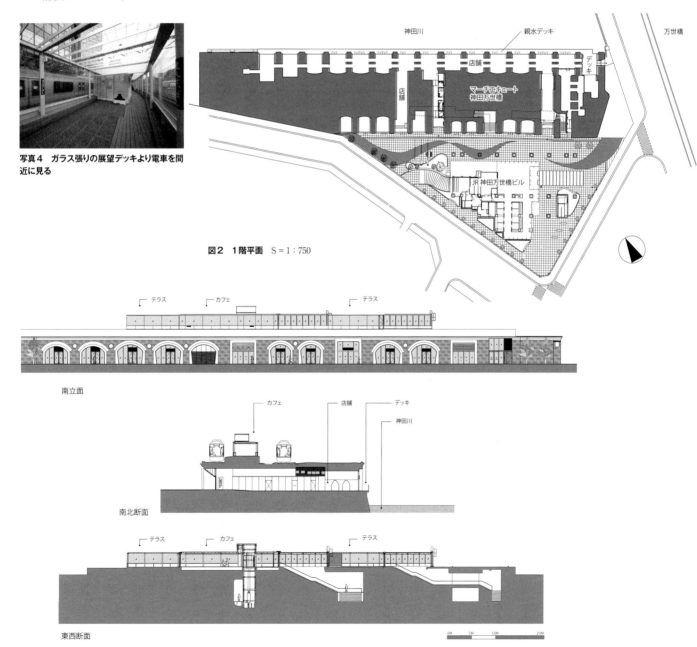

写真4　ガラス張りの展望デッキより電車を間近に見る

図2　1階平面　S=1:750

図3　立面と断面　S=1:750

建築概要　設計:みかんぐみ／所在地:東京都千代田区／竣工年:2013年8月／主要用途:物販店舗、飲食店舗／敷地面積:2,592.48㎡／建築面積:1,944.70㎡
延床面積:1,996.87㎡／建ぺい率:75%／容積率:77%／階数・構造:地上2階・れんが造(既存)、鉄骨造

●木賃アパート……**大森ロッヂ**／東京都大田区／ブルースタジオ＋アトリエイーゼロサン

木造長屋を壊さずに活かした集合住宅

東京には、約15万戸の在来工法の木造賃貸住宅があるといわれるが、本事例はリノベーションのモデルケースとして、国土交通省の耐震改修モデル事業となったもの。計画者は、オーナーの土地建物に対する強い思いや、この木造アパートが地域社会で培われた位置づけなどをもとに新たな物語として計画を紡ぎ出した。

写真1　入口の「ともしびの門」から敷地中央の路地を見る

写真2　各住戸のたたずまいは昔のまま

◆木賃の再生思想

このリノベーション[※1]の対象は「木賃アパート」である。若い人にとって聞きなれないかも知れないが、木賃アパートとは、木造の賃貸アパートのことで、簡易な洗面付き、風呂なし、トイレは共同の四畳半〜六畳の畳部屋が数部屋ならぶタイプが一般的である。昭和30年、40年代に、都心への人口流入の受け皿として、街場の地主の土地に大量につくられた経緯がある。大森ロッヂがある地域は、町工場の立地地区で、工場に従事する家族の住まいとして、まとまってこのような木賃アパートが建てられた。

築後40〜50年経過した木賃アパートは当時の役割を終え、その古さ、機能性、現在の生活スタイルへの不適合といった理由から、周辺に新しく建設されたワンルームマンションなどの市場性に勝てず、多くが建て替えられてきた。このような再生の際には、大抵は仲介業者が入り、土地活用の方法や事業性をはじいて新築物件が誕生することが多い。

だが、大森ロッヂの場合、オーナーが建て替えせずに「再生」をすると決めた。古い建物の骨格を残し、現代的なライフスタイルとニーズに合わせて建築計画とデザインを編集し直すことにより、木賃アパート群をブランド化して市場で太刀打ちできると考えたわけである。この物件はいわゆる市場の中で取引されておらず、物件情報は広く一般に流されてはいない。それでも付加価値の付いた物件として常に満室の状態だ。

※1　リノベーション（古いことに新しい価値を見いだす）
従来の住宅選択における固定化された価値基準ではなく、「築年が古いことによるネガティブ要因」を希少価値とし、そこにデザイン的要素を加える住宅リノベーションがある。つまり、単に古いという価値だけでなく、そこに新しい価値を付加することで、古い住宅が再び生きてくるのである。自分好みのデザイン、間取りやインテリアなどこれまでの画一的な住宅には見られない、斬新なテイストの住宅を選ぶということに新しい価値が生まれている。

この再生計画は段階を踏んで、10年ほどかけて実施されてきた。定期借家契約[※2]がなかった時代の賃貸借契約では、オーナーの意向のみでの立ち退き要請は難しい。そのため、空き家が出た際に、補充停止や定期借家契約に移行することで、まるごと空き家になった棟を生み出し、そこから再生工事に取りかかる。そうやって8つの棟を総合的に再生することに成功している。

◆建築計画を取り入れた再生

　大森ロッヂは、8棟からなる木賃アパート群である。棟によって囲まれた広場は、入居者同士の交流やイベントができるスペースとして設えられ、そこに面してギャラリーも付け加えられた。このように密にコミュニケーションがとれ、常に顔見知りがいることで、セキュリティの強化につながっている。

　アパートの骨格である平面計画は変えられていない。骨格を変えると建築確認申請が必要になるためである。ただし、構造の耐震性能を高めるための補強や、防災上の安全性を高めるための避難ルートの確保など、建築確認申請が必要とならない範囲での工夫が行われている。また、アパート群を囲んでいた万年塀（ブロック塀）を木造の塀に変えて、下部には板を打ち付けないようにした。これによって、不審者が隠れることができなくなり、さらなるセキュリティの向上が図られた。

	木　造	非木造
（総数）	4,407,300	8,958,200
1950年以前	193,600	17,900
1951年～1960年	147,400	35,500
1961年～1970年	407,300	190,100
1971年～1980年	718,700	792,500
1981年～1990年	813,700	2,162,100

表1　民営借家の建設時期別住宅数
民営借家数1,336万戸（平成20年時点）のうち、築45年以上の木造住宅、いわゆる木賃アパートが74万戸、築35年以上が146万戸ある。その後、取り壊しや建替えにより、現在その戸数が若干少なくなっているが、現時点でも相当数の木賃アパートが再生を待っている。
（出典：平成20年度住宅・土地統計調査）

※2　定期借家契約
定期借家契約とは、契約で定めた期間の満了により、更新することなく契約が終了する借家契約をいう。定期借家契約でない普通借家契約の場合、貸主からの解約や、契約期間終了時の更新の拒絶は、貸主に正当な事由（どうしてもそこに住まなければならないなど）がない限りできない。

写真3　敷地内の路地状のスペース

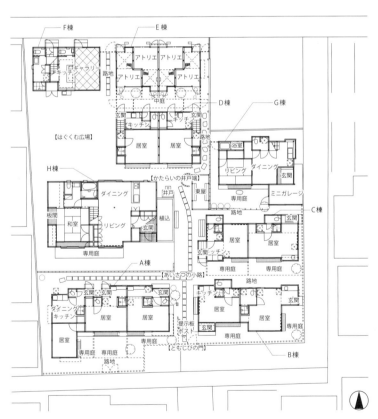

図1　配置・1階平面　S＝1：400

図3　南北断面　S＝1：400

図2　改修前（上）と改修後（下）の平面　S＝1：400

第一期工事から第五期工事までの概要
◎第一期工事
　G棟　リノベーション完了：2009.03
　構造規模：木造2階建て・戸建て／用途：賃貸住居
◎第二期工事
　A棟　リノベーション完了：2009.03
　構造規模：木造平屋建て・長屋／用途：賃貸住居×3戸
　第二期工事
　B棟　リノベーション完了：2009.07
　構造規模：木造平屋建て・長屋／用途：賃貸住居×2戸
　C棟　リノベーション完了：2009.07
　構造規模：木造平屋建て・長屋／用途：賃貸住居×2戸
　第三期工事
　D・E棟　リノベーション完了：2011.03
　構造規模：木造2階建て・重層長屋／用途：賃貸住居（アトリエ＋中庭付き）×4戸
　第四期工事
　F棟　リノベーション完了：2011.01
　構造規模：木造2階建て・重層長屋／用途：住居・大家さんギャラリー
　第五期工事
　H棟・母屋　リノベーション完了：2011.03（予定）
　構造規模：木造2階建て・戸建て／用途：専用住居

建築概要　設計：ブルースタジオ（第1期～第3期）＋アトリエイーゼロサン（第4期～第5期）／所在地：東京都大田区／竣工年：2011年3月／主要用途：共同住宅／敷地面積：909㎡／建ぺい率：60%容積率：200%／階数・構造：地上1・2階・木造軸組工法

●廃校中学校……3331アーツ千代田／東京都千代田区／佐藤慎也＋メジロスタジオ

アートと街をつなげる廃校中学校の再生

少子化が進行したあおりを受け、全国的に多くの小中学校が廃校になっている。そのことは、東京都心部においても変わりはない。本事例は、統廃合によって廃校となった中学校の再生である。アプローチを隣接する公園側に大胆に付け替え、本格的な展示ギャラリーをもつアートセンターへと生まれ変わった。

写真1　錬成公園よりウッドデッキでアプローチする
改修前には、中学校と公園との間の壁で隔てられていたが、それが取り払われ街とダイレクトにつながった。

※1　PPP(public private patrnership)方式
パブリック・プライベート・パートナーシップの略で、公民が連携してサービスの提供を行うスキームで、本事例の場合は、改修費を区が負担し、運営を民間事業者が担っている。

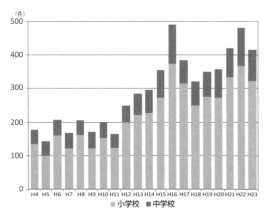

図1　小中学校の年度別廃校発生数
日本全国で、毎年400〜500校が廃校になっている。うちなんらかの活用が図られているケースは約7割である。（出典：文部科学省『廃校施設等活用状況実体調査』2012年9月）

◆小学校の廃校と3331の背景

　3331アーツ千代田は、千代田区の廃校となった旧練成中学校をアートセンターとして再生したものである。秋葉原という立地において、人や社会に開かれた施設とするために、再生テーマとして「アート」が選ばれた。

　旧小中学校の転用再生はたいてい行政主体で行われているが、このプロジェクトでは、千代田区の文化芸術事業を運営する団体に対する事業・改修計画コンペにより、事業者が選定されている。改修費は区が負担し、運営は事業者がおこなうPPP方式[※1]であるため、改修内容は、この事業者が提案した運営内容、施設コンセプトを重視した計画で実現している。

◆裏を表にして街とつながる

　3331アーツ千代田は、建物と前面の広場とが連続した配置だが、リノベーション前はそうではなかった。旧中学校校舎の南側には昇降口はなく、出入りは東側の昇降口から行われていた。現在の広場と校舎

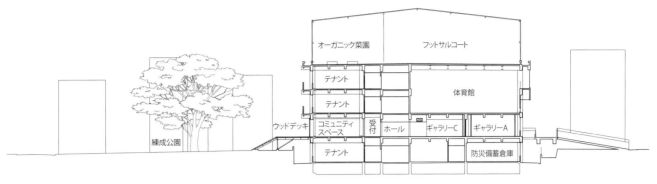

図2 断面 S=1:600

写真2 公園より正面アプローチを望む

写真3 コミュニティスペースより公園側を見る

との間にも半階程度の高低差があり、フェンスで隔てられていた。また広場はホームレスのたまり場となるなど荒れたものであった。このような状況が前述した配置の整備により、全体としてつながりをもった開放的で明るい広場として生まれ変わっている。

　校舎の南側は構造補強を行いながら、広場に向け大きな開口部を設け、校舎と広場の高低差は、大階段を設けてつなげることで解消している。天気が良い日には、開口部はすべて開け広げられ、内部と外部が連続した空間がつくり出される。これまでの裏だった空間は表になり、アートセンターとして訪れる人々を迎え入れ、地域との連続する表情をつくり出している。それは、まるで当初からそうであったかのようなデザインである。

◆変える部分と変えない部分

　建物の1階にはギャラリー、カフェ、コミュニティスペース、ラウンジがあり、地下1階、2・3階は商業ギャラリーやクリエイターの活動スペースなどの小部屋群である。1階は、元の空間がどうだったかもわからないほど大胆にリノベーションされている。本格的な展覧会ができるように展示動線を考え、自由度の高いギャラリーの機能を確保するために、従前の耐力壁を解体・再配置して大空間を実現した。一方、その他の階の廊下や階段、従前に教室だった小部屋群は学校がもっていた雰囲気をそのまま残したような最小限の改修に留めている。小部屋の内装は入居者が自由に内装を変更できるようになっている。

　また、ギャラリーの展示壁と従前の校舎の外壁との間には人ひとりが通れるくらいの空間が設けられ、展覧会ごとの展示内容に対応した展示施工ができるように工夫されている。

主な活用用途	例	件数
公民館 文化施設	公民館・生涯学習センター等	594
	資料館・美術館等	146
社会体育施設	スポーツセンター等	802
福祉施設 医療施設	障害者福祉施設	73
	保育所	35
	児童福祉施設	33
	老人デイサービスセンター	36
	介護老人福祉施設	28
体験交流施設	自然体験施設・農業体験施設	179
	研修施設	90
	宿泊施設	31
庁舎	庁舎	210
企業 創業支援施設	工場・事務所等	122
	創業支援施設	22
住宅	集合住宅	32
大学施設	大学施設	25

表1　廃校活用が行われた主な用途（文部科学省）
廃校の活用例としてもっとも多い用途は、社会体育施設で、次に公民館・生涯学習センター等の社会教育施設である。文部科学省は、廃校施設等の活用によるメリットとして、①学校施設を活用することで、同規模の建物を建設する場合と比べて費用の節約が期待できる。②地域に密着した事業を展開する際に学校施設を拠点とすることで、地域の理解が得られやすい。さらに③「学校施設の再利用」という形の地域貢献が達成できる、ことを挙げている。

写真4　展示施工のための空間
アートを展示する際、壁や天井に掛ける、吊るす、などの設営を効果的にするために、従前の中学校の時の壁と新設したギャラリーとの壁の間には人が通れる程度の空間が設けられている。

建築概要　設計：佐藤慎也＋メジロスタジオ／所在地：東京都千代田区／竣工年：2010年6月／主要用途：／敷地面積：3,495.58㎡／建築面積：2,086.48㎡
延床面積：7,239.91㎡／建ぺい率：／容積率：／階数・構造：地下1階地上4階・RC造一部鉄骨造

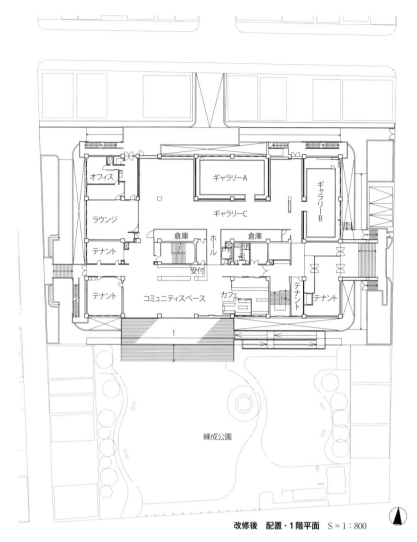
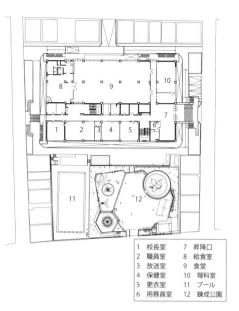

1	校長室	7	昇降口
2	職員室	8	給食室
3	放送室	9	食堂
4	保健室	10	理科室
5	更衣室	11	プール
6	用務員室	12	錬成公園

改修前配置・1階平面　S=1:1600

改修後　配置・1階平面　S=1:800

図3　改修後と前の配置・1階平面

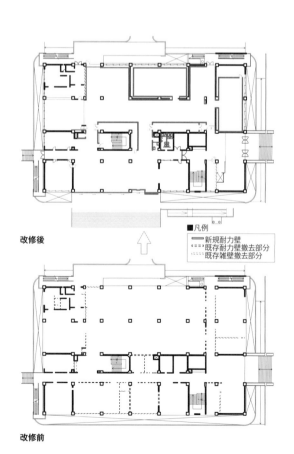

改修後

■凡例
　新規耐力壁
　既存耐力壁撤去部分
　既存雑壁撤去部分

改修前

図4　壁の撤去と構造補強

写真5　受付側よりコミュニティスペースを見る

　メインアプローチを公園側に付け変えることに伴い、1階部分が大幅に変更された。メインアプローチと一体化された箇所は、「コミュニティスペース」となった。ここは、元は職員室、放送室、保健室として区切られて使用されていたのだが、壁を取り払い一体的に使用でき、きわめてフレキシブルである。普段はさまざまな人たちの居場所としても用いられているが、ときには各種イベント会場ともなる。

　メインアプローチから見て奥にあるギャラリースペースは、今回の改修のメインである。ギャラリーA、B、Cと呼ばれる箇所は、元は食堂・理科室であった。広さとしてはほぼ体育館ほどもある。無目的なホワイトキューブとしてさまざまな展示が可能なスペースを確保している。こうした改修にともない、壁の撤去と構造補強がなされている。

改修後
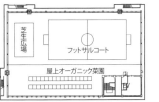

改修前
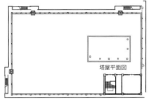

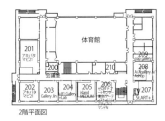

図5　改修後と前の各平面

> リノベーションと新築の大きな違いは、既存建物が背負った時間をどこまで、どのように活かすかが設計者の腕の見せ所である。
> 　本計画では、地域の中学校であったことを意図的に随所に残している。下の写真の黒板はコミュニティスペースにあるものだが、黒板の前に立つとここが学校であったことに自然に気づかされるのである。また、オフィス階は、基本的に間取りの変更の手は大きくは加えていない。教室階にあった流しは、そのまま流用されている。このように、手を入れるところとそのまま残すところが絶妙なバランスでデザインされている。

写真6　ウッドデッキより入り口を見る

写真7　1階ギャラリーC（元は食堂）

写真8　コミュニティスペース（元は職員室、放送室、保健室。壁を取り払い一体化）

写真9　コミュニティスペースの黒板は、元の職員室時代にあったままのが残されている

写真10　商業ギャラリー・クリエイターの活動スペースの階（3階）

デザインによるバリューアップ

　人口ピラミッドにボリュームゾーンがある時代には、そのゾーンをめがけたマス・マーケティングの商品開発や顧客対応でよかったが、今の時代はそうはいかなくなった。

　つくれば売れる時代ではない。ライフスタイルも分化して小さなセグメントに分かれ、それぞれのボリュームが小さい。その小さなボリュームに向けて、ターゲットを細分化した、細心でミクロな対応が必要になる。

　実施例が多くなった中古の集合住宅のリフォームでは、現在の暮らしにあった住まいに改造する改善だけでなく、個別性に対応した住戸リノベーション（スケルトン改修）が増えてきている。例えば、テレビ番組や雑誌を賑やかすトレンドとしてのデザインリフォームがそれを代表している。従来の住宅選択における固定化された価値基準ではなく、「築年が古いことによるネガティブ要因」をむしろ希少価値とし、そこにデザイン的要素を加える住戸改善である。

　そこには、お仕着せで選択の幅が狭い集合住宅に飛びつくのではなく、自分好みの間取りやインテリア、あるいはこれまでの画一的なマンションインテリアのスタイルには見られない斬新なテイストに住むことのできる価値を選ぶスタイルがある。デザイン的な要素が付加されたデザインリノベーション住宅には、古いという価値だけでなく、そこに新しい価値を植え付けられることで生まれる住まいの姿がある。

　さらに、こうした新しい動きの中には、新築マンションが没個性であることに対する反発もあり、はじめから中古マンションを購入して、自分らしい間取りやインテリアに改装して住むという居住スタイルも見え始めている。

　新しい価値を生み出すことができるデザインの力が、ミクロなマーケットを攻める武器になる。

写真1　豊四季台団地（東京理科大学のリノベーション）

写真2　カスタマイズのDIYの例

◆写真・図面・図表のクレジット

●写真撮影（提供者も含む）

芦澤竜一建築設計事務所…030 写真1、2、3 ／ 031 写真4

アトリエイーゼロサン…084 写真2 ／ 085 写真3

アトリエ・ワン…008 写真1、2、3

阿野太一…028 写真1、2、3 ／ 029 写真4

宇賀亮介建築設計事務所…044 写真1、2 ／ 045 写真3

太田拓実写真事務所…014写真1、2、3 ／ 015写真4、5

岡村製作所…033 写真4

川辺直哉建築設計事務所…019 写真5

サムコンセプトデザイン…043 写真4

彰国社写真部…080 写真1、2 ／ 081 写真3

清水建設…033 写真1、3 ／ 034 写真5 ／ 035 写真6

新建築社写真部…010 写真1、2 ／ 011 写真3 ／ 012 写真1、2 ／ 013 写真3 ／ 040 写真1 ／ 041 写真2 ／ 043 写真3

スタジオアルテック…020 写真1、2、3

豊島区役所(東京都)…078

野田東徳(雁光舎)…036 写真1

西川公朗…022 写真1、2 ／ 023 写真3

日建設計…064 写真1、2 ／ 065 写真3

畑拓(彰国社)…016 写真1、2 ／ 018 写真3 ／ 019 写真4、5 ／ 032 写真2 ／ 036 写真2 ／ 037 写真3、4 ／ 048 写真1 ／ 049 写真2、3、4 ／ 050 写真1、2 ／ 053 写真3、4、5、6 ／ 070 写真1 ／ 071 写真2、3 ／ 082 写真1、2、3 ／ 083 写真4 ／ 084 写真1 ／ 086 写真1 ／ 087 写真2、3 ／ 088 写真5 ／ 089 写真6、8、9、10

福井通…072 写真1、2

藤塚光政…058 写真1 ／ 059 写真3

みかんぐみ…074 写真2

吉田誠／日経アーキテクチュア…046 写真1、2、3 ／ 047 写真4 ／ 058 写真2

3331アーツ千代田…089 写真7

UDS…056 写真1、2 ／ 057 写真3、4

●建築関係図面（許可者も含む）

青木茂建築工房…081 図2、3、4、5、6

芦澤竜一建築設計事務所…030 図1、2 ／ 031 図3、4、5、6

アトリエイーゼロサン…085 図1、2、3

アトリエ・ワン…008 図1 ／ 009 図3

五十嵐淳建築設計事務所…012 図1、2 ／ 013 図3、4、5

乾久美子建築設計事務所…048 図1 ／ 049 図2、3、4、5、6

宇賀亮介建築設計事務所…045 図1、2、3

小川博央建築都市設計事務所…028 図1 ／ 029 図3、4

オンサイト計画設計事務所…059 図1

カルチュアル・コンビニエンス・クラブ(CCC)、クライン ダイサム アーキテクツ…071 図3

川辺直哉建築設計事務所…016 図1 ／ 017 図2、3 ／ 018 図5、6 ／ 019 図7、8

佐藤慎也…087 図2 ／ 088 図3、4 ／ 089 図5

サムコンセプトデザイン…040 図1 ／ 042 図3 ／ 043 図4、5

清水建設…032 図1 ／ 033 図3 ／ 034 図6、7 ／ 035 図9、10、12

スタジオアルテック…020 図1 ／ 021 図3、4、5、6

妹島和世建築設計事務所…077 図1、2

成瀬・猪熊建築設計事務所…022 図1、2 ／ 023 図3、4

南海電気鉄道…073 図2、3

日建設計…036 図1 ／ 037 図2、3、4 ／ 064 図1 ／ 065 図2、3、4

乃村工藝社…036-037

みかんぐみ…074 図1 ／ 075 図2、3、4 ／ 083 図2、3

CAt…010 図1 ／ 011 図2、3 ／ 046 図1、2 ／ 047 図3、4

kw+hgアーキテクツ…050 図1 ／ 051 図2 ／ 052 図3 ／ 053 図4

UDS…057 図2、3、4、5、6

● 図と表の出典（建築関係図面を除く）

柏原士郎ほか『建築計画』実教出版、2004…033 図4、表1

加藤信介・土田義郎・大岡龍三『図説テキスト　建築環境工学』彰国社、2002…009 図4

建築計画教材研究会『建築計画を学ぶ』(理工図書、2005)をもとに作成…031 表1

建築設計テキスト編集委員会『建築設計テキスト　事務所建築』彰国社、2008…031 図7

建築設計テキスト編集委員会『建築設計テキスト　集合住宅』彰国社、2008…018 図4 ／ 020 図2、図7

建築設計テキスト編集委員会『建築設計テキスト　住宅』彰国社、2009…014 図2 ／ 015 表1 ／ 029 表1

佐藤考一・五十嵐太郎『初学者の建築講座　建築計画』(改訂版)市ヶ谷出版社、2006…076 表1

彰国社『インテリジェントビルの計画とディテール』彰国社、1988…034 図5

新建築社『まちをつくるプロセス　RIAの手法』(新建築2013年12月別冊)をもとに作成　…070 図2

西日本工高建築連盟『新建築ノート　住宅』彰国社、1989…015 図5(階段の寸法と勾配)

西日本工高建築連盟『新建築ノート　商業施設』彰国社、1994…029 表2

日本建築学会『建築資料集成8　建築─産業』丸善、1981…073 図4

日本建築学会『建築設計資料集成　総合編』丸善、2001…076 表2 ／ 077 図3

日本建築学会『建築設計資料集成5　単位空間III』丸善、1982…011 図4

日本建築学会『第2版　コンパクト建築設計資料集成＜住居＞』丸善、2002…023 図5

日本建築学会『第3版　コンパクト建築設計資料集成』丸善、2005…009 表1 ／ 013 図6、7 ／ 060 表1

北海道外断熱建築技術協議会『住まいの断熱読本　夏・冬の穏やかな生活づくり』彰国社、2001…009 図5

索　引

●あ
アイデアの創発 036
空き家率 026
空き家率のコントロール 026
アクティブラーニング 048
アンビエント空調 034

●い
一敷地一建物の原則 070
居場所づくり 048
インティメート 068

●え
エリアマネジメント 026, 082

●お
オープンカフェ 078
オープンスクール 046
オープンスペース 046
オープン（プラン）スクール 047
オフィスの所用面積とデスクレイアウト 033
オフィスのレイアウト 032
オフィスビルのコアタイプ 031
オフィスビルの避難安全計画 034
おもてなし 068

●か
ガーデン 074
介護保険 066
階段寸法と勾配・種類 015
回遊性 072
回遊性のある計画 073
会話環 023
囲み型配置 020
貸しオフィス 030, 031
貸しオフィスの構成 031
片廊下 048
環境性能 009
緩衝空間 021, 076

●き
既存不適格 083
希望出生率 054
基本グリッド 029
共用部 016, 022
狭小 014

●く
クラスタ 025
クリニック 060
グループサイズ 025
群島型 070
群島型レイアウト 034

●け
建築規模にかかる集団規定 015

●こ
兼用住宅の建築制限 029

公私の調停 022
合積層バリエーションと平面計画 018
公立病院改革ガイドライン 064
高齢者施設 066
コミュニティ活動 074
コミュニティ施設 076
コミュニティ施設の部門構成 077
コミュニティづくり 076

●さ
産業遺構 082

●し
シェアハウス 022, 023
敷地分析 008
自然エネルギー 059
自然監視効果 021
視線の計画モデル 011
視線の断面計画 010
視線のレイヤー 045
室内環境 008
住戸アクセス 021
集合住宅 016, 017
集合の型 023
住宅の世帯人数と面積 015
住宅の平面形式 011
住民参加 066
重力換気 009
商業施設に関する用途地域 071
小中学校の廃校発生数 086
照壁 013
ショッピングモール 072
人体姿勢と占有空間の寸法 013

●す
スキップボイド 036

●せ
生活空間の構成 009
整形外科 060, 063
セキュリティ 044
セミパブリックゾーン 017
セミプライベート空間 021

●そ
ゾーニングの相互浸透 049
ゾーンのつながり方 049

●た
ターゲット・セグメンテーション 025
ターゲティング 024
大規模なオフィス空間 032
対人集合の居心地 023